KB188810

운을 부르는 풍수지리로

부자가 되는
부동산 투자

운을 부르는 풍수지리로

부자가 되는 부동산 투자

박상익·이상준 지음

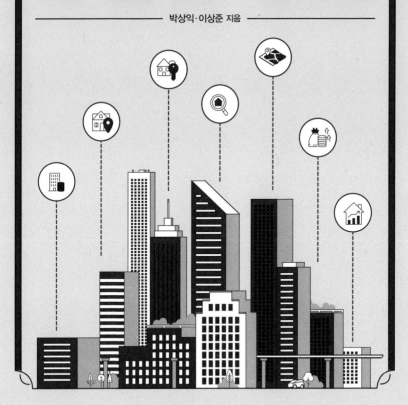

미래문화사
MIRAE

추천사

이상준 박사의 박사 논문을 지도하며, 저자가 목표를 향한 집중력이 강한 것을 알았다. 그래서 그와 함께하면 저절로 힘이 솟는다. 저자는 부동산 투자법에 관한 저서를 많이 출간했다. 이 책을 통해 조기퇴직으로 미래가 불안해서 성공적인 부동산 투자를 하고 싶어 하는 직장인들, 고물가로 살림살이가 힘든 서민과 고임금으로 허덕이는 자영업자에게 희망을 전하는 '해피 바이러스'가 되길 기대한다.

– 이상엽(건국대학교 융합인재학과 교수, 건국대학교 대외부총장, 한국연구재단 학술진흥본부장 역임)

이상준 박사 하면 가장 먼저 떠오르는 단어가 있다. 바로 열정과 실천, 성과다. 오늘도 식지 않는 열정으로 또 다른 성과를 맺으려고 실천한다. 그동안 왜 금융업뿐 아니라 인문학에도 관심이 많은지 궁금했는데, 이 책에 답이 있었다. 성공적인 삶을 이룬 주인공들과 그들의 이야기를 담았다. 수많은 사람에게 자신의 지식을 아낌없이 전하는 모습에서 진솔한 삶을 엿보았다. 이 책을 통하여 모두가 행복한 미래를 꿈꾸길 간절히 소망한다.

— **소순창**(건국대학교 교수, 한국지방자치학회 학회장)

《풍수를 활용한 성공적인 부동산 투자법》을 통해 이 시대를 살아가는 수많은 사람이 풍수를 제대로 배워 실패 없는 투자를 하길 희망한다. 이 책은 좋은 습관을 쌓고 포기하지 않게 하는 정신력 코칭 지도서다. 부실채권, 정상채권, 특수물건, 재개발 및 재건축 등 다양한 재테크 전도사가 되더니, 이상준 교수가 그동안 실무 과정에서 겪은 다양한 이야기를 풀었다. 저자는 꿈을 쉽게 포기하지 말고 새롭게 도전하라는 희망의 메시지를 전한다. 저자는 평범한 사람도 부자가 될 수 있다는 용기를 주는데, 그의 진심이 책 전체에서 전해진다. 부동산과 금융을 접목한, 쉼표가 있는 금융경제 서적이다. 이 책을 청소년과 성인 누구에게나 추천하고 싶다.

— **최현일**(한국열린사이버대학 교수, 《1% 저금리 시대 수익형 부동산이 답이다》의 저자)

"옛것을 익히고 새것을 알면 남의 스승이 될 수 있다"라는 《논어》 〈위정편〉의 구절처럼, 온고지신(溫故知新)의 길은 언제나 고통 속에서 피어난다. 저자를 처음 만나고 새로운 가치를 창조해내는 용기와 열정을 보고 '이런 선배도 있구나!' 싶었다. 어려운 가정환경을 딛고 많은 것을 이뤄내고도 또 다른 비전을 찾아 도약하는 모습에서 새로운 미래를 본다. 올해 목표는 따뜻한 세상을 향한 마중물이 되고 싶다는 진솔한 마음을 보았는데, 이 책이 수많은 독자에게 단비 같은 책이 될 거라 믿는다.

– **김규동**(한국법률경제신문 발행인, 메리트법무법인 변호사)

재테크, 자산관리 부실채권, 정상채권, 경공매 전도사도 모자라, 새롭게 도전하는 이상준 교수에게 찬사를 보내고 싶다. 누구나 부자가 될 수 있는 비밀 노트를 풀어주더니, 이제는 풍수를 활용한 실무 서적을 썼다. 풍수지리와 부동산 투자에 관한 이야기를 쉽고 이해하기 쉽게 풀어 누구나 자산을 늘릴 수 있도록 지지하는 저자의 수고에 아낌없는 박수를 보낸다. 저자는 재테크에 관한 책을 여러 권 출간하면서 많은 사람이 재테크에 도전하도록 격려했다. 이 책은 다양한 경공매 물건에서 벌어진 기이한 이야기가 풍수지리와 관련이 있다는 사실을 깨닫고 다양한 사례를 바탕으로 직접 겪거나 보고 들은 이야기를 다양하게 담고 있다. 저자의 신비한 마력으로 독자를 사로잡는 흡입력을 가진 책이다.

– **박희영**(서울경제연합회 이사장, 사색의 향기 회원, 신지식인이자 인맥의 왕)

노후를 책임지는 수익형 부동산 투자법으로 100세 시대를 고민하는 많은 사람을 슈퍼 리치로 탈바꿈시키고 수많은 제자를 양성하는 이상준 교수가 '풍수'를 활용한 부동산 투자법으로 새롭게 도전한다. 부동산과 풍수뿐 아니라 금융 및 경제, 성공과 행복을 종합적으로 살피는 이 책이 수많은 젊은이의 삶에 이정표가 되어줄 것이다. 끈기에 대적할 적은 없다. 그동안 금융기관에서 30년 넘게 근무하면서 축적한 부동산 경매와 경제에 관한 실무 지식과 실전 노하우를 통해 저자는 '꿈, 비전, 희망'을 전달하려 한다. 미래를 예측하기 쉽지 않은 4차 산업혁명 시대에 경제적 여유를 원하는 젊은이와 성인에게 유용한 안내서가 될 것이다.

– **김영국**(단국대학교 경영대학원 주임교수)

머리말

작년에 개봉한 영화 〈파묘〉의 누적 관객 수가 1,191만 명이라고 한다. 대한민국 국민의 5분의 1 이상이 이 영화를 보고 '풍수'에 관심을 보였다는 말이다. 과연 영화에서 말하듯 풍수에 길흉화복이 숨어 있을까?

풍수지리는 과학적, 역사적 가치가 있는 학문이다. 풍수지리 중 가장 잘 알려진 것이 배산임수일 텐데, 북쪽에 산을 두고 남쪽에 물을 두는 것은 실제로 사람이 살기 좋은 방식이다. 남향은 햇볕이 잘 들고, 북쪽의 산은 겨울에 매서운 북풍을 막는 효과가 있기 때문이다. 강에서 물을 쉽게 길 수 있고 뒷산에서는 땔감과 건축 재료를 구할 수 있기에, 전통적인 농경사회에서는 좋은 삶의 터전이기도 했다. 한편 산과 강이 자연 방어벽이 되기 때문에 외적을 막는 데도 좋았다. 이런 실질적인 가치가 나중에는 기복신앙으로 연결되었고, 인간의 성쇠가 하늘과 땅에 의해 정해진다고 믿게 되었다.

필자는 15년 이상 토지, 주택, 건물, 상가, 공장, 창고 등의 경매물건과 묘지를 포함한 음택·양택 풍수를 다루고 연구했다. 그 과정에서 터(땅)에는 분명히 길흉화복이 있다는 것을 깨달았다. 즉, '부자' 풍수와 '쪽박' 풍수가 있다. 제대로 된 학문과 부동산이 짝꿍을 이루면 엄청난 시너지를 낸다. 부동산과 풍수지리가 그렇다. 따라서 누구나 경매물건을 풍수적으로 보는 안목을 키운다면 성공적인 투자를 할 수 있다.

이 책에서는 초보자도 풍수지리를 쉽게 이해할 수 있도록 접근했다. 풍수지리의 기본 구조와 음택과 양택을 그림·사진 등과 함께 설명하고, 실제 사례를 소개하여 활용도를 높였다. 부동산 투자의 다양한 성공 및 실패 사례와 필자의 오랜 경험을 담은 만큼, 독자들의 풍수발복을 기원한다.

차례

1장

복과 재물을 부르는 부동산 투자

2장

풍수지리를 적용한 부동산 투자

3장

풍수지리로 재테크 성공하는 방법

4장

성공적인 부동산 투자 풍수지리 컨설팅

복과 재물을 부르는 부동산 투자

운을 부르는 풍수지리로 부자가 되는 부동산 투자

SECTION 01

복과 재물을 부르는 풍수지리

풍수와 양택을 감정하기 위해 현장에 나가거나 상담하면 "복과 재물을 부르는 풍수지리가 따로 있나요?"라고 묻는 사람이 많다. 결론부터 말하면 '그렇다'.

풍수 또는 풍수지리란 '바람과 물'을 아울러 이르는 말인데, 이를 길흉화복의 지표로 삼아 집터나 묏자리가 좋거나 나쁜지 가려내는 일이다. 땅의 형세를 인간의 길흉화복과 연결해 설명하는 자연관으로 지술, 음양 등으로 불리기도 한다.

풍수에 따르면, 땅은 생적(生的)인 존재로 만물을 키우는 힘을 가지고 있으며 그 힘의 많고 적음에 따라 인간에게 주는 혜택도 달라진다. 길한 정기가 왕성한 곳에 터전을 잡으면 자손이 부귀영화와 장생을 누리지만, 반대로 흉한 장소를 택하면 불행을 겪는다. 풍수에서는 인간의 성쇠가 온전히 하늘과 땅에 의해 정해진다고 믿는다.

한동안 영화 〈파묘〉가 화제였던 것을 보면, 우리나라에서는 '풍수'에 공감하는 사람이 많은 듯하다. 극적 장면을 연출하느라 다소 과장된 측면이 있지만, 영화는 생각해볼 거리를 던져준다. 과연 영화처럼 풍수에 따라 길흉화복이 달라질까?

누구나 부자가 되고 행복해지고 싶어 노력한다. 물론 부자가 된다고 해서 무조건 행복하다고 볼 수는 없지만, 돈이 없다면 행복해지기 어려운 것도 사실이다. 자본주의 사회에서는 돈이 없으면 사회적 관계가 제한되거나 심하면 기본적인 생활도 누릴 수 없다. 최근 대두된 저출산 문제도 경제적인 이유가 따른다. 법이 인정하는 한에서 돈을 벌기 위해 투자하거나 경제적 이득을 누릴 수 있는 방법에 관심을 갖는 것은 당연한 일이다.

그래서 필자는 15년 이상 토지, 주택, 건물, 상가, 공장, 창고 등의 경매물건과 묘지를 포함한 음택·양택 풍수에 천착했다. 이 과정에서 터(땅)에는 분명히 길흉화복이 있다고 확신하게 되었다. 다시 말해 부자 풍수와 쪽박 풍수가 따로 있다는 말이다.

예를 들어 경상남도 의령에는 대한민국 부자 1번지라고 불리는 솥바위가 있다. 그 근처에 삼성 창업주인 호암 이병철, LG 창업주인 구인회, 효성 창업주인 조홍제의 생가가 있다. 한곳에서 비슷한 시기에 3대 재벌이 태어난 것이다. 이외에도 현대, 롯데 등의 재벌들의 터를 답사한 결과 풍수상 길지였고, 주변의 보국(保局, 터를 중심으로 사신사에 둘러싸인 형태를 보국이라 한다. 산이라면 명당의 혈이 현무·청룡·백호·주작 등에 둘러싸인 것을 가리킨다) 등이 매우 양호한 상태였다. 이렇듯 부귀영화를 누리고 싶다면 터는 반드시 살펴야 한다.

'풍수지리'라는 말은 언제, 어떻게 시작했을까?

한국 문헌에서 풍수에 관한 최초의 기록은 《삼국유사》의 탈해왕에 관한 대목에서 등장한다. 탈해가 왕이 되기 전에 토함산 위로 올라가 성안에 있을 만한 곳을 찾기 위해 7일을 머물렀는데, 마침 초승달과 같은 모양을 한 지형을 발견했다. 그래서 살펴보니 호공의 집이었다. 그래서 집 옆에 숫돌과 숯을 몰래 묻어두고 원래 자신의 선조 때 살았던 집이라며 땅을 파보게 했다. 호공이 땅을 파보니 미리 묻어둔 돌과 숯이 나왔고, 결국 탈해는 호공을 속여 좋은 택지의 집을 차지할 수 있었다.

또 백제가 반달 모양의 부여를 도성으로 삼은 것도, 고구려가평양을 도읍으로 삼은 것도 모두 풍수를 따진 결과다. 삼국시대에 도입된 풍수 사상은 신라 말기부터 활발해져서 고려시대에는 전성기를 맞아 조정과 민간에 널리 보급되었다.

특히 신라 말기에는 도선(道詵)과 같은 대가가 등장하기도 했다. 그는 중국에서 발달한 참위설을 골자로 하여 지리쇠왕설(地理衰旺說), 산천순역설(山川順逆說), 비보설(裨補說) 등을 주장했다. 땅에는 왕성해지거나 쇠하고, 순리를 따르거나 거스르는 기운이 있으니 왕성하고 순리를 따르는 기운이 있는 곳을 택해 살아야 한다는 말이다.

아득히 먼 옛날부터 바람과 물은 주택의 입지 조건으로 가장 중요했다. 태풍이 자주 지나가거나 홍수나 한발이 일어나는 지역에서는 마음 놓고 살아갈 수 없었기 때문이다. 사람이 평온하고 무탈하게 살아가려면 따뜻한 바람이 불고 깨끗하고 맛있는 물이 풍부해야 한다. 따라서 주거지를 선택할 때 주변의 바람과 물이 어떠한지 따졌다. 이런 지세를 관찰하는 작업이 곧 풍수를 살피는 것이었으니, 풍수라는 말이 일상에서 자연스럽게 쓰였을 것으로 보인다.

한편 장풍득수(藏風得水, 바람을 감추고 물을 얻는다)의 줄임말로 쓰이기 시작했다는 이론도 있다. 풍수지리의 핵심은 생기(生氣)

를 얻는 것인데, 생기를 만드는 기본적인 조건은 바람과 물로 장풍과 득수에 의해 생기가 이루어지기 때문에 풍수라는 말을 사용했다고 보는 것이다. 장풍득수 이론에는 풍수지리의 전체적인 내용이 함축되어 있으니, 장풍득수는 풍수지리가 이론적으로 상당히 발달한 시점부터 사용되었다고 본다.

필자가 연구한 바에 의하면, 풍수는 인간의 본질을 나타낸다. 과학이 발달한 오늘날에는 과학을 통해 인간의 본질이 무엇인지 찾는다. 과학자는 단백질이나 지방과 같은 여러 가지 원소가 결합한 생물로 보고, 의사는 바이러스와 같은 여러 가지 균의 집합체라고 말하기도 한다.

고대에는 사람의 육체는 흙으로 이루어져서 사람이 죽으면 몸은 흙으로 돌아가고 영혼은 하늘나라로 간다고 생각했다. 또 종교에서는 인간의 본질은 지수화풍(地水火風, 땅, 물, 불, 바람 등이 인간의 길흉화복으로 이어진다)이라고 말하기도 한다. 그러나 이런 주장들은 풍수만큼 인간의 본질을 명확히 규명한다고 보기 어렵다.

SECTION 02

부동산 투자에 중요한 풍수지리

의학과 과학이 눈부시게 발전한 오늘날에도 풍수지리를 활용하는 건설회사가 많다. 대기업 아파트로 알려진 LG의 자이나 삼성의 래미안 등은 아파트 단지를 설계할 때부터 출입문이나 입구에 물이 흐르도록 한다든가 액운을 막아주는 해태 구조물을 설치하는 등 풍수를 고려한다고 한다.

AI 혁명으로 머지않은 미래에 인간이 하는 대부분의 일을 AI가 대신할 거라는 전망이 등장할 만큼 세상은 급격하고도 빠르게 변화하고 있다. 그런데 빠르게 변하는 세상에 어떻게 대응하고 준비해야 할지 명확히 일러주는 현인은 많지 않다. 필자는 다가올 미래를 준비하고 대비하는 방법 중 하나로서 풍수지리를 통해 빠르게 변하는 세상에 현명하게 대응할 수 있다고 생각한다.

인간은 이제껏 주도적으로 역사를 이끌어왔고, 수많은 다양한 환경에 적응하고 변화했다. 그 과정에서 풍수는 다양한 환경에 적응하는 방법 중 하나였다. 필자는 앞으로 다가올 시대에 풍수를 접목하면 건강과 행복을 지킬 수 있다고 생각한다. 그리고 부동산 투자 시에도 풍수지리를 따지면 더 쉽고 확실하게 가난의 굴레에서 벗어날 수 있을 것이다. 그러려면 풍수와 양택에 근거해 부동산을 구입해야 한다.

요즘 건축주들은 입지뿐 아니라 배산임수의 경치와 경관까지 고려해서 집을 짓는다. 저렴하다는 이유로 부동산을 잘못 구입하면 세금만 많이 낼 뿐이다. 자녀에게까지도 부를 대물림해 줄 부자가 되려면 현명하게 부동산에 투자해야 한다. 최근 분양하는 아파트 중에는 뒤에 산을 끼고 앞에 호수를 바라보는 배산임수식이 많다. 이런 곳은 높은 분양 경쟁률에도 조기에 분양이 완료된다. 대표적인 사례가 광교 호수공원이다. 필자의 수강생 중에는 이곳의 48평형 아파트를 5~6억 원대에 분양받았는데, 현재는 15억 원 이상을 호가하는 가격에 거래되고 있다. 부동산 시장이 얼어붙어 아파트값이 폭락하는 시점에도 이 지역 아파트는 가격 변화가 거의 없다.

홈런보다는 번트가 어울리는 오피스텔 투자

평범한 샐러리맨이 연봉을 두세 배로 올리는 데는 몇 년 이상의 시간이 걸린다. 물론 금리가 높고 안정적인 저축은행에서 복리로 돈을 굴릴 수 있다면 좋긴 하다. 그러나 그런 예적금은 찾기 어렵다.

오피스텔은 70~80% 레버리지를 활용하여 투자하면 갭투자로 시세차익을 얻기도 좋다. 오피스텔 1채당 3~5천만 원의 임대수익을 얻는다면 대출 이자를 지급하고도 연수익이 400~500만 원이라고 하니, 오피스텔에 투자하면 1년에 연봉이 400~500만 원 증가하는 셈이다. 1억 원의 종잣돈이 있고 필자의 투자 방법을 이해하고 실천한다면 1년에 임대수익을 400~500만 원이나 거둘 수 있다는 말이다.

이렇게 늘어난 연봉을 다시 오피스텔에 투자하면 점차 더 많은 오피스텔을 보유할 수 있다. 그러면 일하지 않아도 돈을 벌어들이는 임대수익자가 된다. 이런 일이 가능할 뿐 아니라 구체적으로 어떻게 해야 하는지 필자는 알고 있다. 필자가 만난 부자들은 이렇게 남들이 모르는 정보를 알고 실천에 옮겼다.

필자는 투자할 오피스텔을 매매하기 전에 주변에 공원이나 산이 있는지, 정사각형 모양의 땅에 위치하는지 풍수를 따졌다. 그리고 교통이 원활한 역세권, 학세권, 경치와 전망이 좋은 곳을 골랐다. 이런 곳은 좋은 기운을 받고 사람이 살기 좋은 곳이라 성공적인 투자가 가능하다.

SECTION 03

잘 팔리는 부동산과 풍수지리 기법

필자는 천주교 신자이지만 과거에 대출을 해주면서 연을 맺은 채무자 무속인에게 점을 본 적이 있다. 인터넷에서도 금방 찾을 수 있을 만큼 유명한 사람이었다. 그는 필자의 사주에 금(金)과 목(木)이 많으니 부동산 공부를 꾸준히 해서 부동산 투자를 하면 나쁘지 않을 것 같다고 말했다. 그러면서 좋은 집터를 보는 방법을 알려주었다.

"문을 열고 들어가서 눈을 감고 그 공간을 느껴보세요. 그러면 집터의 좋고 나쁜 에너지 파장을 느낄 수 있을 거예요. 좋은 에너지 파장이 느껴지면 투자해도 좋겠지요."

실제 그 무속인은 매매가 되지 않는 가게나 집도 한 달 안에 팔기로 이름나 있어서 믿어보기로 했다. 그 후 집을 보러 갈 일이 있으면 대문과 방문을 열면서 눈을 감고 에너지나 기운 같은 것을 느껴보려 노력한다.

재개발 지역은 타이밍이 중요하다

투자할 만한 집을 찾아 이곳저곳을 기웃거릴 때였다. 당시 주택 경기가 얼어붙었지만 인천 지역의 재개발 사업에는 훈풍이 불고 있었다. 재개발을 추진한 지 10년 만에 관리처분 인가를 받아 착공을 둔 상태였고, 시공사를 새롭게 선정하는 등 이곳저곳에서 재개발에 필요한 수순을 한 걸음씩 밟고 있었다. 그래서 인천광역시 남동구 간석동에 있는 단층 주택을 둘러보러 갔다.

마당에서 큰 개를 키워 냄새가 났지만 어쩐지 느낌은 좋았다. 햇볕이 잘 들고 사방이 막히지 않고 탁 트여서 눈에 띄었다. 주변에 플라타너스가 많아 어머니 품에 안긴 듯 포근한 느낌이었다. 대지 47평, 건평은 27평으로 매매가는 평당 600만 원, 총 2억 8,200만 원에 내놓았다고 했다.

그 집을 매매가 그대로 계약한다면 나중에 시세 차익이 크지 않을 것 같았다. 너무 비싼 것 같아서 중개업소에 방문했다. 그리고 평당 500만 원이라면 생각해보겠다고 의사를 밝히고 돌아왔다.

6개월이 지난 후에도 그 집은 주인을 찾지 못했다. 그런데 집주인에게 사정이 생겨 집을 비워놓고 이사했다는 소문이 들려왔다. 처음 소개해준 중개업소에 가서 다시금 평당 500만 원을 불렀다. 그리고 복비는 따로 챙겨주겠다며 부탁했다. 중개업소 사장은 "내놓은 가격에는 매매가 안 되니 평당 500만 원에 산다는 사람이 있을 때 파시죠. 대신 복비는 받지 않겠습니다"라며 집주인에게 연락했다. 집주인은 고민하다가 "재개발 구역이라 좀 더 있으면 팔리지 않을까 했는데, 어쩔 수 없네요. 복비도 안 받겠다고 하시니 욕심 안 부리고 팔겠습니다"라며 매매가 성립됐다.

그래서 2억 8,200만 원에 내놓은 집을 2억 3,500만 원에 사들였다. 1억 7,000만 원을 대출받아 잔금을 치르고 소유권을 이전받은 후 곧바로 가까운 부동산 열 곳에 매물로 내놓았다.

그렇게 5개월이 지났다. 주변 중개업자의 친구가 둘러보러 왔다가 이 부동산을 매입했다. 여유 자금이 많아 과거에 부동산에 투자해서 이득을 본 경험이 많다고 했다. 그 친구분이 이렇게 말했다. "재개발, 재건축은 타이밍이 중요해요. 가격이 오를 만큼 올랐을 때 팔고 빠져야죠."

평당 500만 원에 사서 800만 원에 매매했으니 평당 300만 원, 총 1억 4,100만 원의 시세 차익을 챙겼다.

재개발 지역 부동산은 가격이 오른다는 것, 낮은 가격에 구입해서 적당한 시기에 팔면 돈이 된다는 것을 필자도 알고는 있었지만 실제로 성공한 것은 처음이었다.

하지만 재개발, 재건축 지역에서 사업이 어떻게 진행되고 있는지 꼼꼼히 파악한 다음에 투자해야 한다. 재개발, 재건축 지역에 있는 건물이라고 해서 무작정 사들인다고 이득을 거두는 것은 아니라는 말이다.

필자가 매도한 시점은 재개발 사업 조감도가 나오고 대기업 건설사들의 사업 설명회 횟수가 많아지면서 부동산 가격이 천정부지로 올랐을 때였다. 그 순간이 오자 더 이상 기다리지 않고 팔고 빠진 것이다. 이 집을 팔고 재개발 지역에 17평 아파트를 다시금 구입했다. 현재 이곳에 거주자의 이주가 시작됐고 프리미엄만 2억원이 붙었다. 필자는 38평 아파트 조합원 분양권을 신청했다. 이렇게 처음 주택 투자 덕분에 그 후로도 좋은 투자로 이어졌다.

SECTION 04

풍수지리를 활용한 부동산 경매물건

사람이 죽어 흙이 된다면 오래된 묘의 관 속에는 시신이 부패해 형성된 흙이 있어야 할 것이다. 그러나 이장하면서 관을 열어보면 정작 흙은 없다. 그러니까 사람이 죽으면 흙 속에 묻히지만 흙이 되지는 못한다.

그래서 필자는 사람의 본질이 바람이라고 생각한다. 고기나 생선은 썩으면 곰팡이가 슬고 시간이 더 흐르면 모두 바람결에 흩어진다. 칼이나 낫과 같은 쇠도 녹이 슬면 공기 중에 산화되어 결국에는 바람으로 흩어진다. 바람은 하늘에서 발생한다. 따라서 하늘은 무한한 바람의 근원이다. 《주역》에서는 "하늘을 따르는 자는 살아갈 수 있으며, 하늘의 뜻을 거역하는 사람은 살아남기 힘들다"라고 말한다. 여기서 하늘을 바람으로 바꾸어도 무방하다. 라디오나 텔레비전과 같은 전기 제품은 전기가 통할 때만 기계로서 기능을 발휘하므로 전기 제품의 생명력은 곧 전기다. 마찬가지로 사람은 공기가 통하지 않으면 그 순간 생명이 멎는다. 그러니까 바람은 곧 사람의 목숨으로 이어진다.

한편 물은 공기와 함께 생명체를 이루는 기본 요소다. 인체의 70퍼센트는 물로 되어 있다. 《주역》에서 물을 모든 물체의 제일로 꼽는 것도 물이 생명체의 기본이기 때문이다. 사람들은 오래전부터 물의 성질을 파악하고 물의 흐름에 따라 생활하는 방법을 정립해왔다.

이렇듯 사람은 바람과 물로 생명을 유지하며, 바람과 물을 생활에 끌어들여 그것을 지리적인 조건에 맞춰 해석하고 응용했다. 그러므로 풍수는 인간의 본질을 나타내는 것이다.

한국의 땅과 풍수

한반도는 아름다운 산과 맑은 물이 많아 예로부터 금수강산이라고 불렸다. 백두산에서 시작된 백두대간은 끊어지지 않고 전 국토를 하나로 연결하고, 중간중간에 연결된 많은 산과 맥을 통해 전 국토에 생기를 전달한다. 토질은 단단하고 알맞게 습하며 전체적으로 탄력이 있어 흙에서 발산되는 빛과 소리가 밝다. 물 역시 맑고 깨끗하다. 풍수지리에서 땅의 기운을 분석할 때 가장 중요한 대상은 산과 물인 만큼, 산과 물의 기운이 음양의 조화를 이루면 무한한 에너지가 발생한다. 따라서 한 나라의 지세를 분석하려면 당연히 대간(大幹, 가장 큰 산의 단위)에서부터 시작해야 한다.

한국의 국토는 지리적으로 아시아대륙이 시작하는 첫 번째 지점에서 태평양을 향해 뻗어 나와 아시아대륙과 태평양을 연결하는 다리와 같은 역할을 한다. 아시아대륙은 지구상에서 가장 넓은 땅덩이인 데다 태평양 역시 세계에서 가장 넓은 바다다. 그러므로 한국의 국토를 음양 이론으로 분석하면, 바다는 낮은 곳에 있어서 음이자 여성을 상징하고 육지는 높은 곳에 있어서 양이자 남성을 상징한다. 따라서 대륙에서 바다를 향해 뻗은 한국의 국토는 남성의 생식기와 같다. 생식기는 음과 양을 결합하여 새로운 생명체를 만드는 숭고한 부분이다. 음과 양이 서로 결합하여 조화를 이루는 공간을 '명당'이라고 한다면, 우리나라 국토는 최고의 명당인 셈이다.

한편 한반도를 대륙과 바다가 결합하는 생식기에 견주면, 바닷물이 들어오고 나가는 현상도 음과 양이 결합하는 과정으로 해석할 수 있다. 그렇다면 한반도는 강력한 생명력이 있는 세계적인 명당으로 읽힌다. 국력은 들판의 면적이나 강의 길이와 관계없다. 음양의 조화에서 발생하는 힘이 국력을 만든다.

부암동 터

종로구 부암동(付岩洞)에는 예전에 높이가 2미터쯤 되는 바위가 있었는데, 자신의 나이만큼 돌을 문지르고 손을 떼는 순간 바위에 돌이 붙으면 아들을 얻는다는 전설이 있었다고 한다. 부암동이라는 지명은 이 바위로 인해 지어졌다.

부암동에 유명한 곳으로는 안평대군 집터가 있다. 세종의 셋째아들 안평대군 이용(李瑢)은 1447년 4월 20일 박팽년과 무릉도원을 거니는 꿈을 꾸었다. 안견의 〈몽유도원도〉의 탄생 배경이다. 풍경이 아름다운 부암동 사저는 안평대군에게는 무릉도원이나 다름없었다.

그런데 이 인근의 부동산을 경매로 낙찰받은 사람들 사이에는 논쟁이 심하고 명도가 쉽지 않다고 한다. 아마도 사약 받은 왕자의 집터라서 터가 세다는 풍문은 사실일지도 모른다.

부동산 경매에서는 최고가를 입찰해야 원하는 부동산을 차지할 수 있다. 그런데 계속해서 유찰되는 부동산이라면 다시 한번 원주민과 부동산을 방문하여 확인해볼 필요가 있다. 물론 개인적인 사정으로 유찰할 수도 있지만, 흉한 일이 벌어지는 집터였을 가능성도 있기 때문이다. 그런 일을 직접 겪고 나서야 부동산 경매도 풍수와 양택을 따져야 한다는 사실을 깨닫곤 한다. 특히 임야가 그렇다.

실제 사례 풍수지리를 활용한 성공적인 소액 갭투자

필자는 인천 남동구 구월동의 한 오피스텔 경매에 참여했다가 2등으로 패찰한 적이 있다. 당시 그 오피스텔의 다른 호수가 경매로 나와 있어 인근 중개업소에 가격을 알아보러 갔다. 사방이 막혀 있고 정사각형이 아닌 불규칙한 모양의 땅 모서리에 있어서 풍수지리학적으로 제일 좋지 않은 호수였다.

경매로 나온 오피스텔의 매매 사례가 있는지, 급매로 나온 부동산은 있는지, 그리고 월세로 내놓을 경우와 전세로 내놓았을 때 가격은 어떤지 물었다. 임장 활동의 필수 사항은 현장 방문으로, 중개업소에 들러 가격을 알아보는 것이다.

"이곳은 관리비가 비싸다고 소문이 나서 입주를 잘 안 합니다. 경매로 나와서 저가로 낙찰되는 건 공사 대금 문제로 유치권이 걸려 있어서 그래요."

중개업소의 말에 왜 감정가가 높아도 낮은 금액에 낙찰되는지 단번에 알 수 있었다.

"이곳에 급매로 나온 물건이 있는데 보시겠어요? 낙찰 예상 금액과 별 차이는 없는 가격이에요."

낙찰가 정도에 급매로 부동산을 매입할 수 있다면 당연히 이사 비용과 명도 문제를 신경 쓰지 않아도 되었기에 급매 물건을 검토해봤다. 그런데 물건을 확인하고 깜짝 놀랐다. 필자가 입찰에 참여해 패찰했던 부동산이었던 것이다.

매매 가격은 3,500만 원으로, 경매로 낙찰받는 것과 비슷한 가격에 그 물건을 계약할 수 있었다. 그리고 전세 세입자를 내보내고 대출을 받은 후 월세를 주었다. 당시에는 경락잔금대출은 낙찰가의 90%까지 받을 수 있었다. (현재는 감정가 70%-지역별 최우선변제금 또는 낙찰가격의 80% 중 적은 금액이 경락잔금대출 한도다.)

| 금융기관 대출 담보 여력 산정 방식 |
감정가×융자 비율-지역별 최우선변제금
즉, 7,400만 원×80%-2,700만 원=3,220만 원이 대출 가능 금액이다.

낙찰가가 3,150만 원이어서 경락잔금대출은 2,800만 원까지 받을 수 있었지만, 당시 이 집을 낙찰받은 소유자는 경락잔금대출을 이용하지 않았다. 그리고 1년 후 재감정한 가격은 7,400만 원으로, 대출 가능액 3,220만 원 중 3,000만 원을 대출받고 보증금 500만 원에 월세 35만 원으로 세를 주었다. 말로만 듣던 무피투자였다.

지금도 인천에는 부동산 매매가가 5천만 원이 되지 않는 물건이 꽤 많다. 인천이 하루가 다르게 변하고 재개발과 재건축이 성행하는 것은 워낙 낡은 부동산이 많기 때문이다. 부평역에서 용산역까지는 급행열차를 타면 35분이 걸리고, 금호IC를 이용하면 서울 강남역까지 35분 거리다. 서울에 접근성이 좋은데도 거리가 멀고 서울이 아니라는 이유로 저평가된 물건이 적지 않다는 뜻이다. 그러나 인천 미추홀구는 전세 사기 사건이 많아 전세사기특별법 때문에 지금도 묶인 물건이 있으니, 길게 묻어둘 여유 자금이 있다면 투자해도 나쁘지 않을 것이다.

풍수지리를 적용한 부동산 투자

운을 부르는 풍수지리로 부자가 되는 부동산 투자

SECTION 01

풍수지리의 기본

현대의 풍수는 바람과 물의 흐름, 땅의 이치를 도시 생태계에 접목시킴으로써 자연과 인간의 생명 에너지가 주변 환경과 가장 효율적으로 동화하고 순화하도록 자연환경과 인위적 환경을 어떻게 연계할지 연구하는 지혜의 학문이다.

가장 뼈대가 되는 몇 가지 기본 조건이 있다. 우선 바람을 감추고 물을 얻는 장풍득수, 길한 것은 취하고 흉한 것은 피하는 취길피흉(取吉避凶), 지상의 기운은 바람에 흩어지고 땅속의 지기는 물을 만나면 즉시 멈춘다는 기승풍즉산 계수즉지(氣乘風則散 界水則止)가 그것이다.

이런 풍수의 기본 조건은 조상의 유골이 명당의 생기와 작용하여 후손이 성공하도록 음지에서 돕고, 명당에서 사는 사람이 지기(地氣)를 받아들여 능력이나 운이 배가되도록 한다.

방위의 오행과 수(數)

방위에 의한 동기와 서기는 오행으로도 구분된다. 수, 화, 목 방위는 동기이며, 금, 토 방위는 서기로 구분된다. 오행에 있어서 수는 물과 같이 수직 하강하는 기운이고, 화는 태양과 같이 폭발하며 확산하는 기운, 목은 나무와 같이 수직 상승하는 기운, 금은 쇠의 단단함과 같이 중심점으로 수축하는 기운, 토는 흙과 같이 모든 기운을 포용하여 균형을 이루는 기운을 말한다.

오행을 8방위로 구분할 때는 정북(正北)이 수, 북동과 남서는 토, 정동과 남동은 목, 정남은 화, 정서와 북서는 금이다. 이 오행은 각각 고유한 성질을 갖고 있어 서로 잘 어울리는 상생이 있는가 하면, 반대로 서로 잘 어울리지 않는 상극, 그리고 서로 비슷한 상비의 관계가 있다.

오행의 상생은 수생목, 목생화, 화생토, 토생금, 금생수를 말한다. '수생목'은 물에 의해 나무가 살고, '목생화'는 나무에 의해 불이 만들어지고, '화생토'는 불이 타고 난 후에 재 또는 흙이 만들어지고, '토생금'은 흙에서 금이 만들어지고, '금생수'는 금속과 같이 찬 곳에서 물이 만들어진다는 의미다.

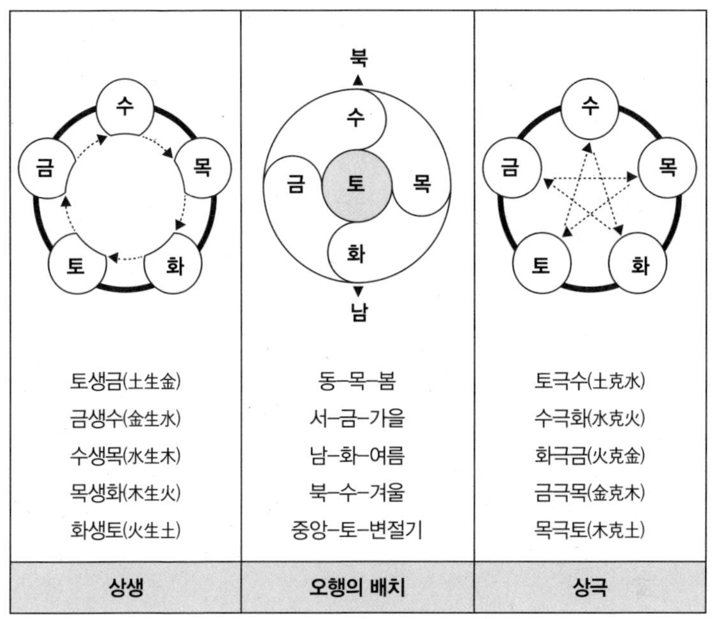

• 오행의 상생상극도 •

한편 상극은 수극화, 화극금, 금극목, 목극토, 토극수다. '화극금'은 불의 기운이 금속의 기운을 억제하고, '금극목'은 금속의 기운이 나무의 기운을 억제하고, '목극토'는 나무의 기운이 흙의 기운을 억제하고, '토극수'는 흙의 기운이 물의 기운을 억제하고, '수극화'는 물의 기운이 불의 기운을 억제한다는 뜻이다.

오행의 생수(生數)와 성수(成數)

오행은 각각의 수(數)를 갖고 있다. 이것은 《주역》의 하도(河圖)를 기초로 한 것으로, 오행 이론의 기본이 된다. 즉, 암흑과 혼돈의 우주 공간에서 창조되는 각각의 기운의 순서를 매긴 것이다. 그래서 첫째를 물의 기운, 둘째를 불의 기운, 셋째를 나무의 기운, 넷째를 금속의 기운, 다섯째를 땅의 기운으로 본다. 따라서 물은 1, 불은 2, 나무는 3, 금속은 4, 토는 5라는 고유한 수를 가지는데, 이것을 생수라고 한다.

각각의 생수에 5를 합한 수, 예를 들면 물의 기운인 1과 흙의 기운인 5가 합해져 나온 숫자 6을 성수라고 한다. 그래서 물에 의해 만들어진 생명체는 6으로 이루어진다. 물의 기본은 육각수로, 물 분자는 육각형을 이룬다. 성수를 만들 때는 각각의 오행 수에 흙의 기운인 5를 더하는 이유는 흙의 기운이 포함되어야 비로소 하나의 물체가 형성되기 때문이다.

오행의 수는 수량, 시간, 원인 등을 나타낸다. 예를 들어, 동쪽 대문에 의해 부자가 되는 주택이 있다고 하면, 동쪽은 목으로 3과 8의 숫자를 갖고 있다. 따라서 재산은 3천 석이나 8천 석이라고 본다. 주택의 방위만 좋다면 3천 석이고, 주변 지세까지 명당이라면 8천 석으로 계산한다. 한편 시간을 따질 때는 3년 8개월이 되는 시점에 부자가 된다는 의미가 있다. 원인 면에서 살펴보면, 그 집 주인은 목재나 합판, 목조 가구, 농사 등으로 부를 축적할 수 있다. 동쪽의 목 기운이 대문을 통해 집으로 들어오기 때문이다.

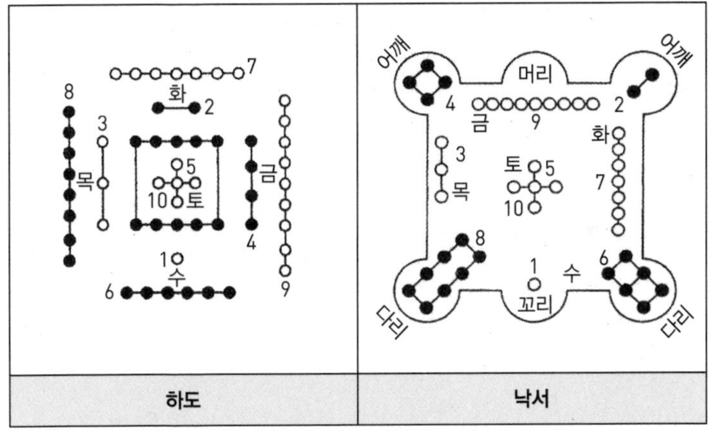

• 하도와 낙서[1] •

1 심재열, 《전통사찰의 풍수지리적 입지 연구》, 동국대학교 대학원 박사 논문, 2020, p. 25.

혈 찾기

세상 만물은 이름 없는 존재가 없고 근본 없는 물체가 없다. 사람의 근본을 조상이라고 한다면, 명당의 근본은 주산(主山)에 있다. 천체의 근본이 북극성에 있다면, 지체(地體)의 근본은 북극축에 있다.

물론 근본은 중요하지만, 그래도 만물 중에 내 몸이 가장 귀하다. 내 몸이 있어야 조상을 받들고 부모를 섬기며 자손도 낳을 수 있다. 마찬가지로 혈(穴)이 있어야 주산의 위세도 있고, 내룡(來龍)과 청룡백호, 주위 사격(砂格)을 따질 수 있다. 혈이 없으면 주산도, 내룡과 청룡백호도 소용없고, 주위의 길사(吉砂)도 가치가 없다. 그러므로 혈판(穴板)이 있어야 주산의 영기도, 산세도, 청룡백호와 원근사격(遠近砂格)도 살펴볼 수 있다.

그렇다면 혈은 무엇일까? 생명체에 자손을 만들기 위한 기관이 있듯, 산에도 생기를 만들어내는 공간이 있다. 그것이 바로 혈이다. 풍수의 목적은 지세를 분석하여 혈과 명당을 찾는 것이다.

사주팔자나 관상, 점괘 등을 살아가는 데 참고할 수는 있다. 그러나 무소불위의 권력을 지녔거나 영원히 무너지지 않을 것 같은 큰 부를 지닌 사람도 무속에 휘말려 낭패를 보는 경우가 많다. 한편 조선의 500년 역사부터 현재에 이르기까지 사람들은 변함없이 풍수를 통해 길흉화복을 점쳐왔다. 부동산 투자는 인생의 중요한 선택의 순간이다. 덕망 있는 풍수사나 음택 감정사로부터 조언을 듣고 부동산에 투자하면 위험과 리스크를 줄일 수 있지 않을까?

혈과 명당에 있는 임야

풍수를 통해 혈과 명당에 있는 임야(땅)를 찾은 후, 경매로 저렴하게 낙찰받아 형질 변경하여 건물을 지었고 100억 원을 벌어들인 건축주가 있다. 필자는 이를 담보로 대출을 의뢰받아 현장을 방문했다.

이야기를 들어보니, 충청남도 천안시에 있는 임야 995평방미터를 6억 원에 낙찰받아 형질 변경하여 지하 1층~지상 4층짜리 제2종 근린생활시설을 5동 지었고, 1동당 20억 원에 분양하여 100억 원 이상의 차익을 얻었다고 한다. 그리고 나머지 자투리땅에 고시원을 1동 더 지어 차익을 불렸다.

대 995㎡, 건물(고시원) 914.67㎡ 룸 56개

총 168,000,000원

고시원(지하 1층 153.27㎡, 지상 1층 190.35㎡, 지상 2층 190.34㎡, 지상 3층 190.35㎡, 지상 4층 190.45㎡)

분양가액 2,000,000,000원 − 1,100,000,000원 = 900,000,000원

감정가액 1,920,000,000원

대출 금액 1,920,000,000원 × 61% = 1,171,000,000원, 상향 조건 서울 경기 수도권 80% 입실 시

대출 이자 1,100,000,000원 × 4.5% = 49,500,000원

순수익금 168,000,000원 − 49,500,000원(연이자) − 25,200,000원(고정지출비) = 93,300,000원/900,000,000원 = 10.3%

[시세차익 수익 분석]

임야 995㎡(301.2평) 부동산 경매 670,000,000원 낙찰 + 토목공사 800,000,000원 = 1,470,000,000원/5 = 294,000,000원

총지출비 294,000,000원 + 1,121,688,000원, 평당 405만 원:

고시원 공사비 914.67㎡(276.96평) = 1,415,688,000원

순수익금 2,000,000,000원 − 1,415,688,000원 = 584,312,000원 × 5동 = 2,921,560,000원(순이익)

충청도에 있는 건물이 이렇게 큰 이득을 볼 수 있었던 이유는 대학교 후문에 있기 때문이다. 이곳은 1년 입주금을 일시불로 받기에 순수익률만 10.3%가 넘는다. 그래서 임대수익을 얻기 좋다.

SECTION 02

부동산과 관련 있는 풍수 용어

용혈사수(龍穴砂水)

용혈사수란, 용과 혈과 사신사와 수를 가리키며 이 네 가지가 적절하게 잘 어울리면 명당이라고 한다.

풍수지리에서는 산과 능선을 용으로 본다. 이는 산(능선)이 구불구불한 모습으로 맥을 따라 기가 흐르는 것이 용과 같다고 보기 때문이다. 산이 어떻게 시작하고 이어지는지에 따라 다음의 명산도와 같이 태조산(太祖山), 종산(宗山), 소조산(小祖山), 주산(主山), 부모산(父母山), 안산(案山), 조산(朝山) 등으로 나뉜다.

혈은 용과 사신사(四神砂), 수가 있는 지세의 중심으로 생기가 가장 많이 멈춰 모여 있는 땅을 가리킨다. 사신사는 한 지역을 둘러싼 사면에 있는 산을 가리키는데, 청룡, 백호, 현무, 주작을 사신사라 하며 무정하게 돌아앉거나 외면하는 산세는 좋지 않다고 여긴다. 반면에 사신사가 혈을 둥글게 감싸면 명당으로 본다. 수는 물의 규모, 흐름의 모양과 상태, 수질, 물이 흐르는 방위, 수구(水口) 등을 가리키는데, 물이 곡선으로 흐르거나 거꾸로 흐르면 명당이다. 수구는 좁아야 좋고 물줄기가 도는 안쪽이 길하며 물이 도는 바깥쪽은 흉하다.

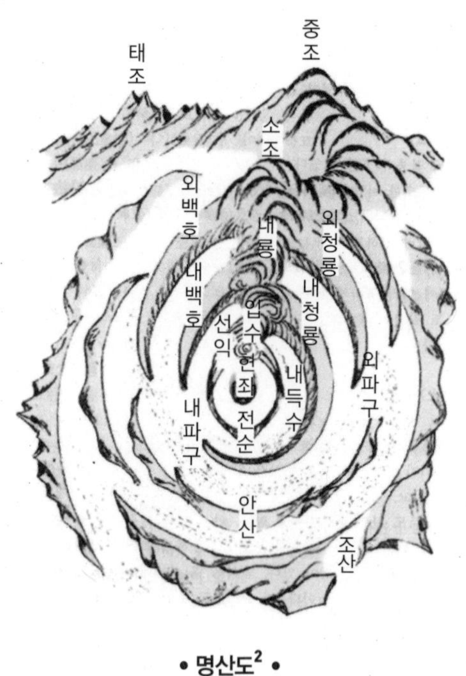

• 명산도[2] •

---

2 심재열, 《생활풍수: 음택》, 동국대학교 자료집, 2021, p. 71.

• 혈과 꽃송이의 비유도[3] •

사신사

산의 좌우전후 4면에 있는 산을 사신사라고 한다. 주산을 등지고 지대가 낮은 곳을 향해 내려다보는 자세에서 좌측에 있는

3 심재열(2021), p. 69.

산을 청룡, 우측에 있는 산을 백호, 전면에 있는 산을 주작, 후면에 있는 산을 현무라고 한다.

청룡이나 백호가 여러 겹으로 겹쳐 있어 산 너머에 또 다른 산이 보이는 경우에는 가까운 곳에 있는 청룡을 내청룡, 내청룡 후면에 있는 산을 외청룡이라고 한다. 또 혈이나 명당에 가까이 있는 백호를 내백호, 내백호 후면에 있는 산을 외백호라고 한다.

청룡 중에서 주산에서 맥이 연결된 청룡은 본신청룡(本身青龍)이라고 하며, 주산에서 맥이 연결되지 않고 다른 산으로부터 맥이 연결된 청룡은 외산청룡(外山青龍)이라고 한다. 또 백호 중에서 주산으로부터 맥이 연결된 백호는 본신백호(本身白虎), 다른 산으로부터 맥이 연결된 백호는 외산백호(外山白虎)라고 한다. 본신과 외산이 동시에 있는 경우에는 주합용호(湊合龍虎)라고 한다. 본신용호와 외산용호를 비교하면 본신용호는 주산으로부터 맥이 연결되어 있어 외산용호보다 명당에 생기를 많이 발생시킨다는 장점이 있다.

주산이 남향하지 않은 경우에도 방위에 관계없이 좌측에 있는 산을 청룡, 우측의 산을 백호, 전면의 산을 주작, 후면의 산을 현무라고 한다.

사신사 중에는 생기를 만드는 사신사와 그렇지 못한 사신사가 있다. 생기를 만드는 사신사는 명당과 혈을 이룰 수 있으나, 그렇지 않으면 혈이나 명당을 이루지 못한다. 생기가 있는 사신사는 청룡과 백호가 명당이 있는 쪽을 앞면으로 하여 마주 보고 있지만, 생기가 없는 사신사는 청룡과 백호가 명당을 등지고 있어 명당의 기운을 빼앗아 간다.

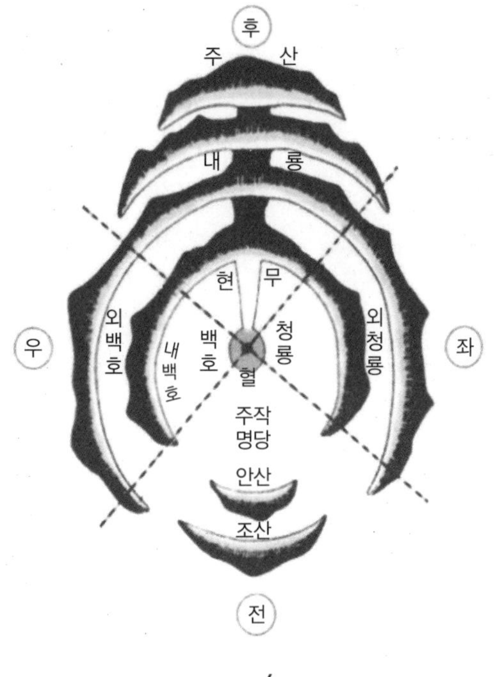

• 사신사[4] •

---

4 심재열(2020), p. 98.

사신사의 기능은 주룡에 있는 혈에 생기를 만드는 것이다. 따라서 혈이나 명당은 사신사에 의해 만들어진다. 그러나 사신사가 있는 곳이 모두 혈이나 명당이 되는 것은 아니다. 혈이나 명당에 생기를 만들기 위해서는 사신사가 바람막이의 기능을 하고 있어야 하며, 곡면 반사경의 기능, 볼록렌즈의 기능 등 세 가지 기능을 갖추고 있어야 한다.

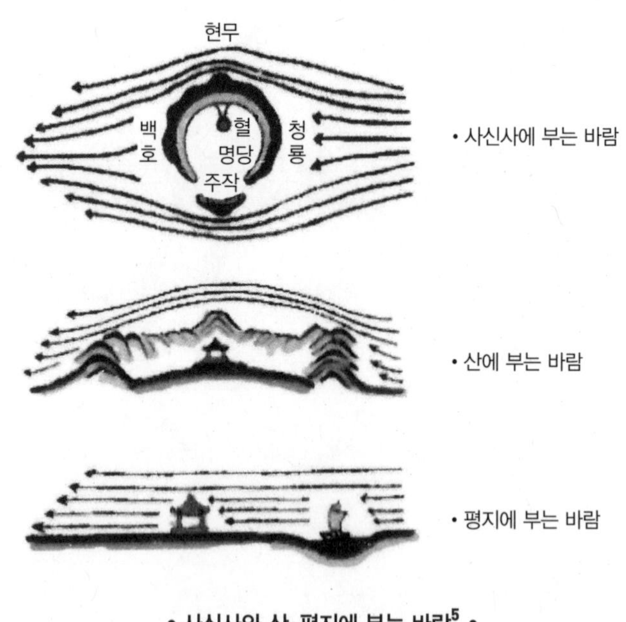

• 사신사와 산·평지에 부는 바람[5] •

5 심재열(2020), p. 99.

사신사가 바람막이 기능을 해야 하는 이유는 생기가 바람에 의해 만들어지기 때문이다. 강하게 부는 바람은 오히려 기운을 분산시켜 생기가 되지 못한다. 따라서 강한 바람을 순하고 부드럽게 하려면 사신사가 사면에서 불어오는 강한 바람을 약하고 부드럽게 바꿔주어야 한다. 이처럼 바람을 막고 생기를 만들고 흩어지지 않도록 해주는 과정을 장풍(藏風)이라고 한다.

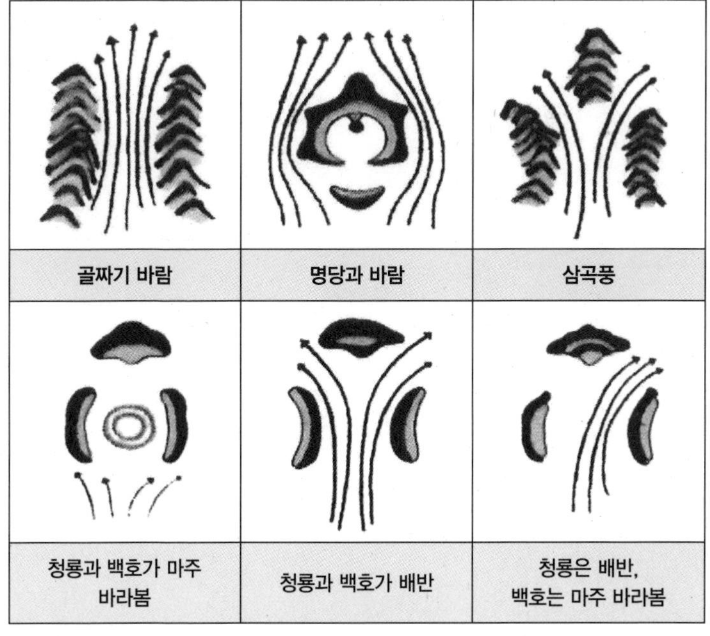

• 사신사와 바람[6] •

6 심재열(2020), p. 100.

청룡과 백호가 있다고 해서 모두 바람을 막아주는 것은 아니다. 지세에 따라서는 오히려 바람을 더욱 강하게 만들어 생기를 분산시키기도 한다. 용호가 바람막이의 기능을 수행하고 생기를 만들기 위해서는 명당을 앞으로 하여 혈을 마주 바라보고 있어야 하는 동시에, 삼태기 형태와 같이 둥그렇게 원형을 이루어 감싸고 있어야 한다. 용호가 명당을 향해 감싸고 있지 않더라도, 명당 쪽을 향해 아름답게 마주 보고만 있어도 바람막이 역할을 수행하는 경우가 많다.

반면 용호가 명당 쪽에 등을 보이는 경우에는 둥근 형태를 이뤄도 바람막이의 기능을 수행할 수 없을 뿐만 아니라 오히려 강한 바람을 일으킨다.

일반적으로 산, 나무, 강 등 모든 물체는 자체만의 빛을 가지고 햇빛이나 달빛을 반사한다. 따라서 태양과 달빛이 청룡과 백호에 비추면 그 빛의 일부는 반사된다. 이때 반사된 빛이 한 지점에 모여 하나의 초점을 이루는 경우, 이 초점에는 신비한 기운, 즉 생기가 발생한다. 이처럼 반사경의 초점에 생기가 발생하는 공간을 혈이라고 하며, 혈 주변의 공간을 명당이라고 한다. 여러 종류의 빛이 모이는 공간은 그 빛으로 인해 이름 그대로 명당을 이룬다. 따라서 청룡과 백호가 반사경의 기능을 완전하게 해야 생기가 많아져 명당이 된다.

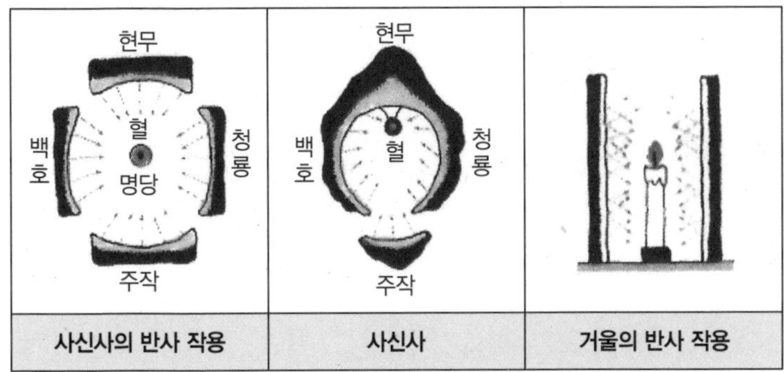

• 사신사의 반사경 작용[7] •

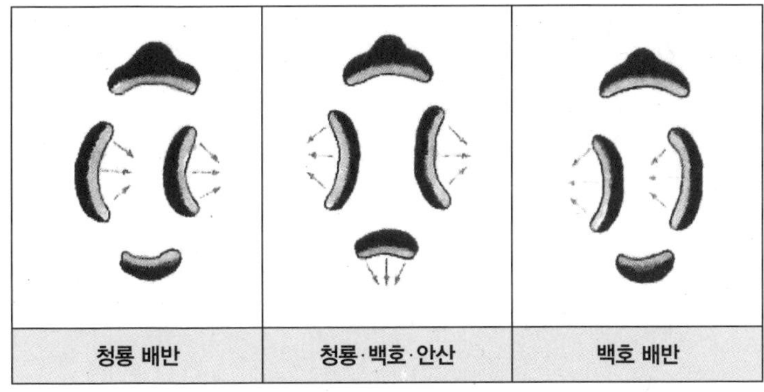

• 사신사 반사경의 방향[8] •

---

7 심재열(2020), p. 101.

8 심재열(2020), p. 102.

볼록렌즈는 분산되어 있는 빛을 하나의 초점에 모아 매우 밝고 뜨겁게 한다. 사신사의 이상적인 형태는 혈을 중심으로 둥글게 감싸고 있는 모양이다. 이 둥근 형태의 청룡 능선은 볼록렌즈의 둥근 부분과 같은 모양을 하고 있는데, 볼록렌즈 형태의 청룡이 주변에 분산된 기운을 모아 초점을 만든다. 이처럼 청룡은 혈의 좌측에서, 백호는 우측에서, 주작은 앞에서, 현무는 뒤에서 각각 볼록렌즈와 같은 역할을 수행해 공통으로 초점이 맞는 곳이 혈이 되고, 이곳에 엄청난 양의 생기가 모인다.

청룡

혈에 생기 만들어주는 사신사 중에서 청룡에 대해 살펴보자.

청룡에서 발생되는 생기는 자손 번창의 기운, 권력과 지도자의 기운, 재산의 기운을 갖고 있다. 따라서 청룡이 세 가지 기능을 다 하는 지세에서는 사람들의 건강 상태가 좋고, 자손(특히 남자)이 훌륭하게 되어 고급 공무원이 되거나 경제적으로 성공한다. 또 자손도 번창한다. 이와 반대로 청룡이 나쁜 지세에서는 건강을 잃고 자손이 줄어드는데, 심한 경우 대가 끊기기도 한다.

청룡의 형태는 남자들의 성격에 그대로 반영되어, 청룡의 산세가 강건하면 힘차고 용감한 남자들이 많이 배출되고 청룡의 지세가 약하면 병으로 고생하는 남자들이 많아진다. 또 청룡의 산세가 유순한 지세에서는 부모에게 효도하며 국가에 충성하는 반면, 청룡의 산세가 상부보다 하부에 높이 뭉쳐 있으면 하극상의 비극을 낳는 사람이 나오고, 등을 돌리고 있는 지세에서는 부모에게 불효하고 사회를 등지는 후손이 나온다. 또 이런 지세에 거주하는 사람은 주변 사람들로부터 배반을 당하거나 부도를 당하는 등의 일을 겪는다.

만일 청룡의 끝부분이 집터를 등지고 멀리 뻗어간 지세라면 형제간의 관계를 끊고 멀리 떠나는 사람이 생긴다. 흔히 부모를 떠나 멀리 외국으로 이민을 떠나는 경우가 이런 지세의 영향이다.

여러 명의 형제가 있다면, 청룡의 부분적인 형태에 따라 자식들의 형편이 달라진다. 청룡을 시작점에서 끝부분까지를 삼등분했을 때 맨 위는 형제 중에서 장남에게, 가운데 부분은 차남에게, 마지막 부분은 막내아들에게 영향력을 미친다. 그래서 청룡 상부에 큰 힘이 뭉쳐 있는 지세에서는 장남이 다른 형제보다 크게 발전하고, 끝에 힘이 뭉쳐 있다면 막내아들이 가장 크게 성공한다.

백호

백호는 딸과 며느리에게 그 기운이 전달된다. 백호에서 발생되는 기운은 재산과 여성의 생명력을 갖고 있기 때문이다. 그래서 백호가 기능을 다하는 지역에서는 부자가 나오고 훌륭한 여성이 많이 배출되는데, 딸은 물론 며느리에게도 그 영향이 미친다.

또 여성의 체질이나 성격에도 반영되어 백호의 산세가 유순한 지세에서는 부모에게 효도하며 가문을 위해 정절을 바치는 여성이 나오는 반면, 등을 돌리고 있는 산세에서는 딸이나 며느리가 가출하는 경우가 발생한다. 그리고 후면을 보이는 배반격인 경우에는 재물을 잃고 어려운 생활을 한다.

혈을 구성하는 지세에 있어서 청룡과 백호의 길이는 같은 것이 이상적이지만, 청룡과 백호의 길이가 다른 경우도 많다. 용호의 길이나 거리는 지세에 따라 모두 다른데, 이 길이와 거리의 차이에 의해 혈과 명당의 기운도 달라진다.

용호의 길이는 사신사의 기능에 직접적인 영향을 준다. 길게 감싸고 있는 청룡은 짧은 청룡보다 바람막이의 기능과 반사경의 기능, 볼록렌즈의 기능 등을 완벽하게 수행한다. 주산에서 출발한 청룡이 집터나 묘터의 좌측을 지나 전면에 이르기까지 길고 둥글게 감싸면 매우 강력한 생기가 발생되어 왕기(王氣)를 갖게 된다.

| 사신사의 거리 |

백호 청룡	백호 청룡	백호 청룡
1	2	3
청룡과 백호 모두 가깝다. 금시발복 형태	청룡과 백호 모두 멀다.	청룡은 멀고 백호는 가깝다.

| 청룡, 백호의 거리 |

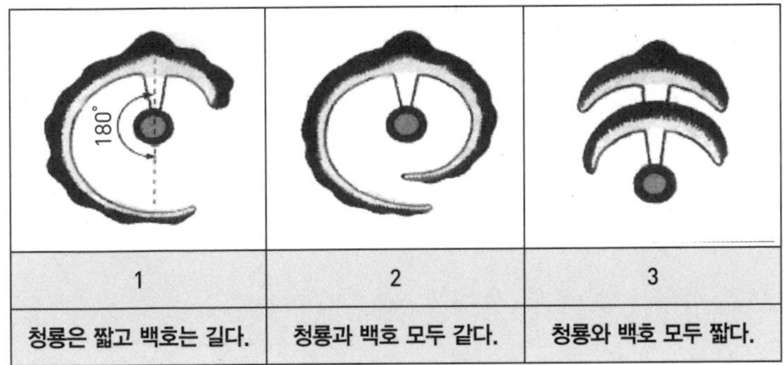

1	2	3
청룡은 짧고 백호는 길다.	청룡과 백호 모두 같다.	청룡와 백호 모두 짧다.

• 사신사와 청룡, 백호의 거리[9] •

---

9 심재열(음택, 2021), p. 46.

혈에서 청룡이나 백호까지의 거리는 발복을 일으키는 시간과 관련된다. 그래서 청룡이나 백호가 집터에 가까우면 빨리 영향으 미친다. 예를 들면, 좋은 청룡과 백호가 집터에서 30미터 떨어져 있다면 그 집에 입주한 날부터 경사스러운 일이 발생하기 시작하여 3년 이내에 재산과 명예가 따르고 건강해진다. 그러나 흉기를 갖고 있는 청룡과 백호가 혈에서 가까운 거리에 있으면 입주한 해부터 교통사고나 부도, 질병 등 불행한 일을 겪는다. 집터에서 청룡까지의 거리는 가깝지만 백호까지의 거리가 먼 경우, 청룡의 영향은 금세 발생하지만 백호의 영향은 시간이 경과한 후에 발생한다.

주작

주작은 혈판 하부, 즉 전순부터 멀리 있는 조산까지의 산을 모두 말하는데, 주작 중에서 집터 가까이에 있는 안산(安山)은 재산과 사회적 지위, 평판 등의 기운과 연관된다. 그래서 주작이 좋은 집터에서는 큰 재산을 모으고 사회적으로 높은 지위에 오르며, 많은 사람에게 존경받는다. 그러나 주작이 나쁜 집터에서는 재산을 잃거나 직장에서 누명을 쓰고 물러나는 등 명예를 잃는다.

주작은 현무와 대칭되는 관계에 있는데, 현무가 주인이라면 주작은 손님 또는 보조자로서 현무보다 한 계급 낮은 것이 이상적이다. 안산과 조산에서 생기를 보내는 지세에서는 매우 높은 신분에 오르며, 사회로부터 명예와 재물을 얻는다. 거리 면에서 보면 안산은 집터에서 가깝고 조산은 집터에서 멀리 떨어져 있으므로 안산에서 발생한 기운이 먼저 작용하며, 조산에서 발생한 기운은 어느 정도 시간이 경과한 후에 전달된다. 따라서 생기를 만들어주는 기능에 있어서는 가까이 있는 안산이 멀리 있는 조산보다 훨씬 더 중요한 역할을 한다.

현무

현무는 혈에 지기를 직접 전달하고 있어서 사신사 중에서 가장 큰 영향력을 갖고 있다. 그리고 사신사 중에서 주인의 역할을 수행할 경우 가장 이상적인 지세가 된다. 따라서 산세의 규모나 기상이 청룡이나 백호, 주작보다 크고 힘차야 하며, 주룡에서 개장과 천심 등 몇 가지 변화 과정을 이루는 생룡이어야 한다.

현무는 한 집안이나 개인에게 특별한 능력을 만들어주는 생기를 갖고 있어, 현무의 지세가 좋은 지역에서는 능력이 출중한 인물이 배출된다. 현무의 기운은 주작의 기운과 대칭되는데, 주작이 사회적인 평판이나 여론 등 외부적인 기운을 받는 데 반해 현무는 내부적으로 힘을 갖고 있다. 예를 들면 현무가 생기를 만들어주는 반면 주작이 생기를 만들어주지 못할 경우, 개인의 능력은 우수하나 사회적으로 인정받지 못하는 인물이 배출된다. 또 현무는 생기를 만들지 못하지만 주작이 생기를 만들어주는 지세에서는 개인적인 능력이 부족해도 사회적으로는 인기를 얻는 사람이 배출된다.

향(向)

터를 잡고 묘나 주택을 안치할 때, 패철(자침, 지관이 쓰는 나침반)을 터의 중앙에 놓고 흑두와 홍두를 북쪽인 자(子)와 남쪽인 오(午)에 일치했을 때 앞쪽을 가리키는 방위를 향이라고 한다.

방위에는 24방위가 있으므로 향도 24향이 있다. 향에 대칭되는 개념이 좌(坐)로, 24좌가 있다. 뒤에서 패철을 설명하면서 방위에 대해 설명할 것이다.

• 패철(나경) •

보국(保局)

터를 중심으로 사신사에 둘러싸인 형태를 보국이라 한다. 산이라면 명당의 혈이 현무, 청룡, 백호, 주작(안산) 등에 둘러싸인 것을 가리킨다. 도심에서 건물이 주변에 많아 터를 둘러싼 경우에는 건물이 사를 대신하는 것으로 본다.

입수의 형태

터가 산줄기의 정기가 모인 혈로 이어지는 곳을 입수(入首)라 한다. 입수가 이뤄지는 형태는 다음과 같이 크게 세 가지로 나눌 수 있다.

• 율곡 이이의 묘: 입수에 물이 들어오는 사례[10] •

첫째는 취기입수(聚氣入首)로, 혈판 뒤의 내룡에서 입수하는 용맥이 꿩이 엎드린 등과 같은 모양이라고 한다. 정기(精氣)의 힘이 풍부하여 정돌취기(正突聚氣)한다고 하여 정돌취기 입수라고도 한다. 취기입수에서는 맏이의 집이 둘째나 막내보다 더 큰

10 2022년 6월 11일 필자 촬영.

부와 명예를 얻는다고 본다.

둘째는 속기입수(束氣入首)로, 입수하여 들어오는 모양이 학의 무릎이나 벌의 허리처럼 가늘고 잘록해서 마치 사람의 목을 조이는 듯한 형태로 들어온다. 맏이는 손이 귀해 독자를 두거나, 둘째나 막내가 맏이보다 더 많은 복을 받는다고 본다.

셋째는 귀암입수(貴岩入首)로, 입수 부분에 박힌 암석이 비쳐 정돌취기하거나 취기 없이 암석만 돌출한 경우다. 이때에 험한 암석은 흉석이라 혈이 될 수 없으며, 상서로운 기운이 어린 길암(吉岩)이 있으면 혈을 맺어준다. 맏이가 가장 큰 복을 누리는 입수절이다.

혈판(穴板)

혈판은 기가 응축된 덩어리로 당판(堂板)이라고도 한다. 위로는 주룡(主龍), 즉 주산이 연결되어 있고, 입수 아래로 혈이 있으며, 혈의 좌우에는 선익(蟬翼)이 있고 혈판의 아래로는 전순(氈脣)이 있어야 한다. 선익과 전순에 대해서는 뒤에서 더 설명하겠다.

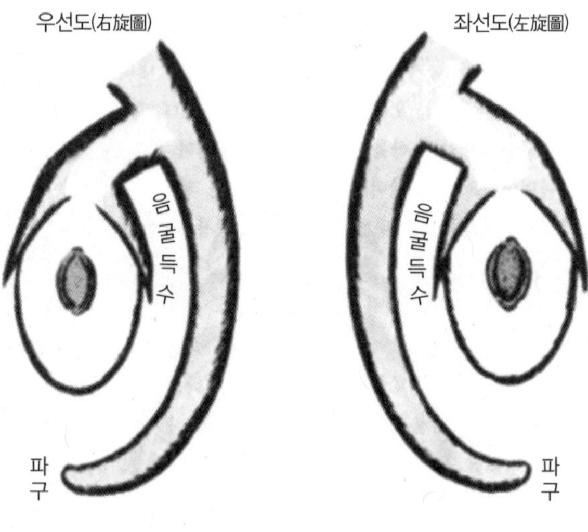

• 좌우선도[11] •

혈에서 좌를 설정할 때는 죽은 자에 대한 생기가 아니라 혈의 좌선(左旋, 용의 변화가 좌에서 우로 변하는 것)과 우선(右旋, 용의 변화가 우에서 좌로 변하는 것)에 따라 정해진다. 혈판이 좌선할 때 물은 오른쪽에 득수를 이루고, 좌선의 용에서 득수 지점은 오른쪽 윗부분이며, 파구(破口)는 왼쪽에 나타난다. 이러한 지세에서 용의 진행 방향과 물의 진행 방향이 서로 마주쳐 혈을 이루는 것이다.

11 심재열(2021), p. 33.

• 방촌 황희 묘[12] •

혈판의 모양은 계란을 세워 뒤로 눕힌 것처럼 좌우보다 상하로 더 긴 형태가 되어야 한다. 또한 혈판은 크고 넓기보다는 볕이 잘 들고 환해야 하고 밤톨같이 돌출된 곳에 맺힌 혈이 더 길하다.

선익(蟬翼)

매미의 날개란 뜻으로, 혈상(穴象)의 양옆을 감싸 바람을 막고 혈판에 모인 지기가 빠져나가지 못하도록 하여 혈을 보호해주

12 2022년 5월 14일 필자 촬영.

는 역할을 한다. 소뿔과 같이 안으로 굽으면서 위는 두껍고 아래로 점점 가늘어지는 형태로 되어 있어서, 기가 빠져나가지 않게 하는 것이다.

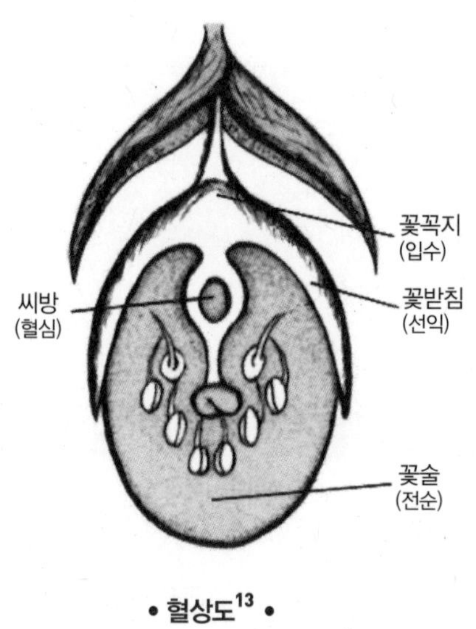

• 혈상도[13] •

전순

혈판에서 결응되고 남은 기운이 꼬리처럼 남은 것을 가리킨

13 심재열(2020), p. 95.

다. 결혈(結穴)이 클 때 생기는 것을 전(氈)이라 하는데 방석 같은 모양으로 생기며, 작은 결혈이 생길 때의 순(脣)은 새의 부리와 같다고 한다. 이 두 가지를 합쳐 전순이라 한다.

주로 혈의 네 가지 형태인 와·겸·유·돌(窩·鉗·乳·突) 중에서 유혈과 돌혈에 분명히 드러나고, 와혈과 겸혈에서는 아주 작다. 주로 축대 같은 것을 쌓아 전순을 대신하기도 한다. 전순이 좋으면 막내의 재물운이 크며, 그곳에 돌이 있으면 주로 막내가 권세를 누린다. 이와 반대로 전순이 없으면 비혈(非穴)이 되거나 자손이 없다. 네 가지 혈에 대해서는 뒤에서 다시 설명하겠다.

패철

산세나 흐름을 눈으로 보고 혈을 찾는 형세론을 근간으로 삼아, 바람과 물이 순환하는 궤도와 양을 패철로 측정해서 혈을 찾는 이기론을 부분적으로 수용하여 산을 살핀다.

주로 동심원이 6선으로 축약된 패철을 사용한다. 내룡과 좌가 중요한 대신, 주변의 사수는 2차적인 문제라는 인식을 바탕으로 한다. 그중에서도 당판에서 좌향선을 측정하여 혈이 진짜

인지, 좋은 혈인지 판단하는 방법을 사용한다. 이를 배합·불배합 이론이라 하며, 길흉화복을 따지는 근거로 활용한다.

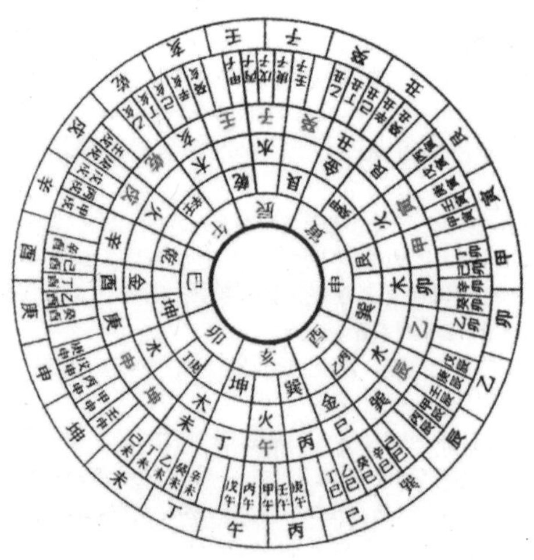

1선 = 황천수측정(黃泉水)

2선 = 팔요풍(八曜風)

3선 = 오행(五行)

4선 = 24방위물체측정

5선 = 60갑자(장법) (재혈 및 분금)

6선 = 24방측정

• 패철도[14] •

예를 들어 묘소의 좌향을 재서 패철로 임자(壬子), 계축(癸丑),

14 심재열(2021), p. 75.

간인(艮寅), 갑묘(甲卯), 을진(乙辰), 손사(巽巳), 병오(丙午), 정미(丁未), 곤신(坤申), 경유(庚酉), 신술(辛戌), 건해(乾亥)와 같이 측정되면 음양이 어우러져 그 묘소의 후손이 복을 받는다. 만약 자계(子癸), 축간(丑艮), 인갑(寅甲) 등과 같이 불배합되면 흉하며, 임자계(壬子癸), 축간인(丑艮寅), 갑묘을(甲卯乙) 등과 같이 세 방위의 중심으로 지나는 것도 불리하다.

주택을 비롯한 건물 방위의 길흉 분석은 8방위로 해석한다. 8방위는 《주역》의 팔괘와 그 의미가 같은데, 360도를 8등분한 것이다. 동서남북의 4방위와 그 사이의 4방위로 이루어져 있다. 8방위는 정북, 정남, 정동, 정서, 북동, 남동, 남서, 북서로 각각 45도씩 구분하고, 45도를 다시 3등분하면 24방위가 된다. 24방위는 북쪽의 자(子)부터 시계방향으로 계(癸)·축(丑)·간(艮)·인(寅)·갑(甲)·묘(卯)·을(乙)·진(辰)·손(巽)·사(巳)·병(丙)·오(午)·정(丁)·미(未)·곤(坤)·신(申)·경(庚)·유(酉)·신(辛)·술(戌)·건(乾)·해(亥)·임(壬)으로 표시한다.

24방위는 천기 12방위와 지기 12방위로 구성되어 있다. 천기는 천간의 갑·을·병·정·무·기·경·신·임·계 중에서 오행상 토의 기운을 갖고 있는 무·기를 제외하고, 대신 건·곤·간·손을 포함시켰다. 지기에 흐르는 기운, 즉 지지는 자·축·인·묘·진·

사·오·미·신·유·술·해다.

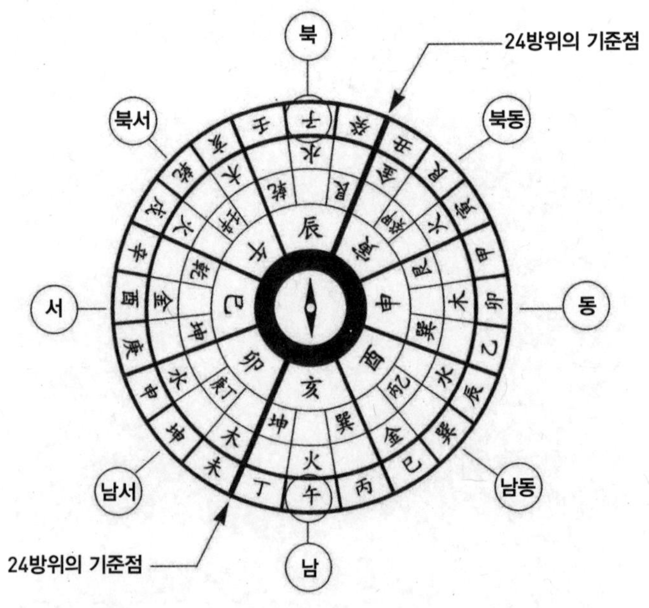

• 패철의 8방위와 24방위[15] •

방위를 측정할 때는 패철을 사용하는데, 패철 방위는 자석이 가리키는 북쪽을 자, 남쪽은 오로 하여 자오를 연결하는 선을 방위의 중심선으로 한다. 24방위는 자오선을 중심으로 한다. 천기와 지기는 각각 한 방위씩 섞여 마치 남자와 여자가 짝

---

15 박시익, 《한국의 풍수지리와 건축》, 도서출판일빛, 1999, p. 154.

을 이루며 둘러앉아 있는 형태와 같다. 또 24방위는 24절기와도 그 맥을 같이하며, 패철의 한 방위는 1년의 한 절기에 해당한다.

패철을 사용해 주택이나 묘의 방위는 좌향으로 나타낸다. 주택의 좌향을 측정하는 방법은 다음과 같은 순서에 의한다.

1. 건물 중심점(한옥일 경우에는 대청마루 중앙)에 패철이 수평을 유지하도록 놓는다.

2. 패철 내부를 들여다보고 자석이 북과 남을 향해 멈추도록 잠시 기다린다.

3. 패철을 가만히 돌려 패철의 자오의 연결선이 자석의 북남과 일치하게 한다.

4. 건물 후면의 중심점을 정한다.

5. 패철 24방위 글자 중에서 건물 후면의 중심점에 가장 가까운 방위 글자가 건물의 좌가 된다.

6. 패철에서 좌의 반대편, 즉 마주 보는 글자가 이 건물의 향이 된다. 좌와 향은 180도를 이룬다.

건물 방위가 정남향인 경우에는 자좌오향이 되며, 반대로 정북향이면 오좌자향이 된다. 또 건물이 정동향이면 유좌묘향이 되고, 정서향이면 묘좌유향이 된다. 건물이 동서남북의 중간 방위일 경우에도 패철에 나타난 글자에 의해 좌와 향을 구분한다.

혈의 구조와 종류

혈은 집터나 묫자리로 가장 이상적인 땅이다. '비어 있는 구멍'이란 뜻으로, 혈이 하늘의 양기와 땅의 음기가 결합하는 공간임을 의미한다.

혈은 용의 거의 끝부분, 경사진 면이나 평탄한 지면 위에 형성된다. 대부분의 용이 암석으로 되어 있듯, 혈도 암석으로 구성된 당판의 중상(中上) 부위에 자리 잡는다. 혈은 당판에서 입수와 주작, 좌우 양쪽의 선익에 둘러싸여 있으며, 용과 입수의 지기, 좌우 선익과 하부의 전순 등 여러 가지 기운에 의해 만들어진다. 혈의 크기는 가로세로 각각 2미터 정도가 기본이며, 사방 6미터가 되는 넓은 혈도 있다. 혈의 생기는 지표면에 가까울수록 많으며, 지하로 깊이 내려갈수록 그 밀도가 낮아진다.

앞에서 살펴보았듯, 혈은 형태에 따라 와혈, 겸혈, 유혈, 돌혈

등 네 가지로 구분된다. 이 중 와혈과 겸혈은 우묵한 소쿠리와 같은 형태를 이루고 있어 여성의 생식기에 비유되고, 유혈과 돌혈은 솟아오른 형태를 이루고 있어 남성의 생식기에 비유된다.

와혈은 주룡으로부터 내려온 기운이 혈판에서 좌우로 각각 맥을 벌려 소쿠리와 같은 형태를 이루고 있다. 겸혈은 주룡으로부터 내려온 기운이 혈판을 이루는 동시에 혈판 양쪽 끝에 받쳐 주는 맥을 갖고 있다. 마치 소의 뿔과 같은 모양을 이루고 있어 우각이라고도 한다. 유혈은 용이 길게 뻗어 내려온 형태로서, 여성의 젖가슴과 같다는 의미다. 돌혈은 마치 엎어놓은 솥과 같이 중심 부분이 둥그렇게 솟아오르고, 그 주변에는 솥의 다리와 같은 바위가 솟아오른 형태를 이루고 있다.

혈은 암석으로 된 입수와 선익, 주작으로 둘러싸여 있으나 혈 자체는 특수한 토질로 구성되어 있다. 혈을 구성하고 있는 혈토는 일반적인 흙과는 그 모양새가 다른데, 겉에서 보기에는 마치 암석과 같으나 실제로는 바위와 흙의 중간 성분을 갖고 있는 '비석비토(非石非土)'다. 삽이나 곡괭이 등의 가벼운 기구로도 손쉽게 파낼 수 있으며, 혈토 덩어리는 바위와 같은 결을 갖고 있는 것이 일반적이다. 색은 금빛과 같은 밝은 색채를 띠고 있으며, 때로는 다섯 가지의 시루떡과 같이 겹겹의 층을 이루기도 한다.

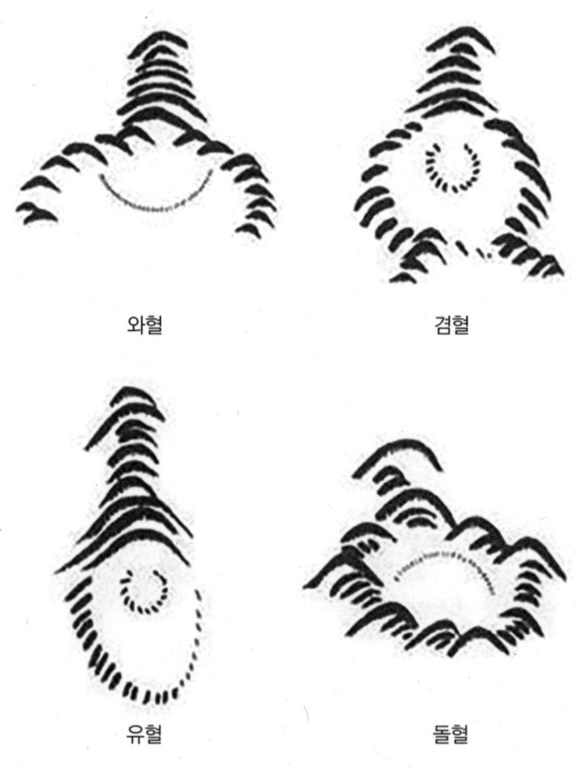

• 혈의 종류[16] •

혈토의 구성 상태는 매우 치밀해 외부의 물이 스며들지 못하고, 나무뿌리나 벌레, 바람 등 아무것도 침투하지 못하게 하면서 신비한 기운을 모은다. 따라서 이러한 혈토에 시신을 묻으면

16 박시익(1999), p. 129.

물이나 나무뿌리, 벌레 등이 근접하지 못하고 혈토에서 발생하는 생기가 시신을 감싸므로 시신이 안전하게 보전된다.

혈에서는 땅의 기운과 하늘의 기운이 동일한 지점에서 순환하여 조화를 이룸으로써 열과 빛을 발산한다. 그래서 혈은 다른 곳보다 따뜻하고 밝아 명당을 이룬다.

사신사의 앞과 뒤

서울의 지세에서 볼 때 좌측의 낙산은 청룡, 우측의 인왕산은 백호, 전면의 남산은 주작, 북악산과 삼각산은 현무를 이루어 명당을 이룬다. 모든 명당은 산의 앞면에 있다. 사신사 앞과 뒤의 경계선은 능선이다.

해방 직후 혼란한 정치 상황 속에서 이승만은 대통령이 되었다. 그는 낙산 앞의 이화장에 살았다. 한편 김구는 인왕산 줄기 뒷면에 위치한 경교장에 살다가 암살당했다. 경교장 바로 옆은 이기붕과 그의 가족이 살다가 몰살당한 터다.

필자는 지인과 함께 광교 호수공원에 간 적이 있었다. 이곳에서 흉기를 지닌 청룡과 백호가 혈에서 근거리에 있는 상권을 보았다. 이런 곳에서는 부도, 질병 등 불행한 일을 겪는다. 그래서인지 주차장으로 들어가는 1층 상가 12개가 다 공실이고 임대가 가능하다는 푯말이 붙어 있었다. 5년째 공실이라는 말을 듣고 풍수지리의 중요성을 다시 한번 확인할 수 있었다.

SECTION 03

용과 명당

용의 일반적 형태

풍수지리에서는 '용'이 산과 능선을 가리킨다고 했는데, 지세의 기운을 분석하는 것은 곧 지세를 구성하는 용의 기운을 해석하는 작업이다. 용을 정확하게 분석하면 혈을 찾고 지세의 기운을 정확하게 해석할 수 있기 때문이다. 산과 능선을 용이라고 하는 이유는 산과 능선이 지닌 신비하고 강한 기운 때문이다. 즉, 신출귀몰하고 변화무쌍한 산의 기운이 마치 용이 살아 움직이는 형상이라고 여긴 것이다.

지세를 분석할 때 산봉우리를 '봉'이라고 부르지만, 산봉우리를 비롯해 전체적인 능선의 기운을 분석할 때는 '용'이라는 용어를 쓴다. 즉, 용은 산맥의 표면적인 형태이고 기운은 그 맥 속에 흐르는 힘이다. 따라서 지세를 분석하는 것은 용을 통해 흐르는 기운의 성질을 분석하는 것이다.

산 정상에서 출발한 용은 혈까지 직선과 곡선의 형태로 움직인다. 직선적인 용이라고 해서 반드시 직선으로만 된 것이 아니라 좌우로 약간 변형되기도 한다. 좌우 어느 쪽으로도 기운이 기울지 않으며, 중심을 갖고 앞으로 진행하는 직선적 형태의 용은 '중심룡'이라고도 한다. 한편 곡선적인 용은 산 정상에서 혈까지 커다란 곡선을 이루고 있는데, 곡선의 형태에 따라 좌선룡, 우선룡, 혼합곡선룡 등으로 구분된다.

좌선룡은 주봉에서 연결되어 내려온 용이 마치 사람의 왼쪽 팔처럼 좌측에서 시작해 우측으로, 우선룡은 주봉으로부터 연결되어 내려온 용이 우측에서 시작하여 좌측으로 곡선을 그리는 것이다. 혼합곡선룡은 산의 주봉으로부터 연결된 용이 처음에는 좌선했다가 우선하는 등 좌선과 우선이 섞인, S자 형태를 이룬 용을 말한다.

혈은 중심룡이나 곡선룡에 관계없이 이루어질 수 있으며, 혈을 이룬 지세에서 혈은 중심룡에, 청룡은 좌선룡에, 백호는 우선룡에 위치하는 것이 가장 이상적인 형태다.

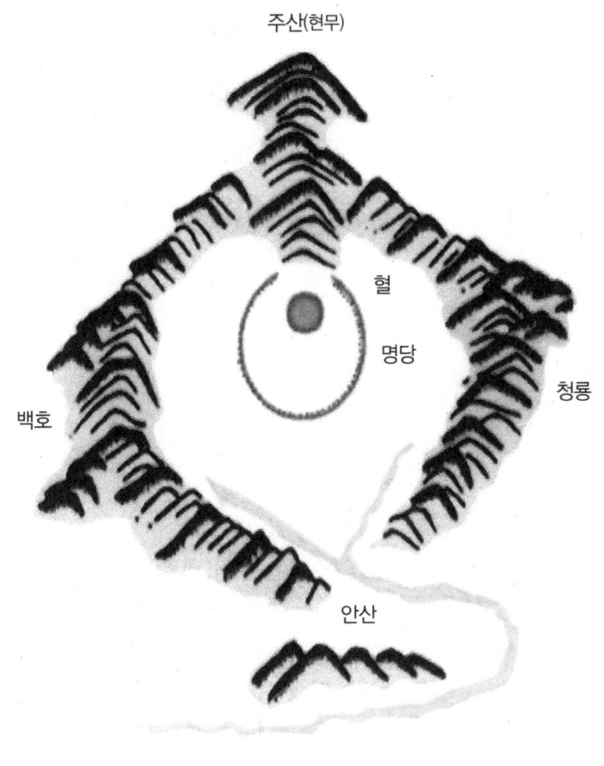

• 명당의 지세[17] •

용은 산의 봉우리에서 시작해 능선을 이루며 평탄한 들판을 향해 점차 낮게 내려가기도 하며, 물이 있는 쪽을 향하기도 한다.

17 심재열(2020), P.83.

형태적으로 앞면은 비교적 지면이 균일하고 안정적이어서 아름답고 밝은 광채를 띠고 있다. 이러한 곳에서 혈장(혈판)이 형성되고 오색토의 혈토를 띤다.[18] 그러나 뒷면은 험한 바위가 돌출되어 있어 지면이 안정되지 못하고 땅 색도 어둡고 음산하다.

• 황색과 백색의 혈토[19] •

18 혈토는 혈에서 반드시 볼 수 있는 흙이다. 흙의 색깔은 홍색, 황색, 자색, 흑색, 백색 등 오색을 띤다. 분명 흙임에도 돌처럼 단단하게 결합해 돌도 아니고 흙도 아닌 것처럼 보인다. 혈토는 혈장(혈판)에서 가장 핵심에 위치한다.

19 2023년 12월 6일 필자 촬영.

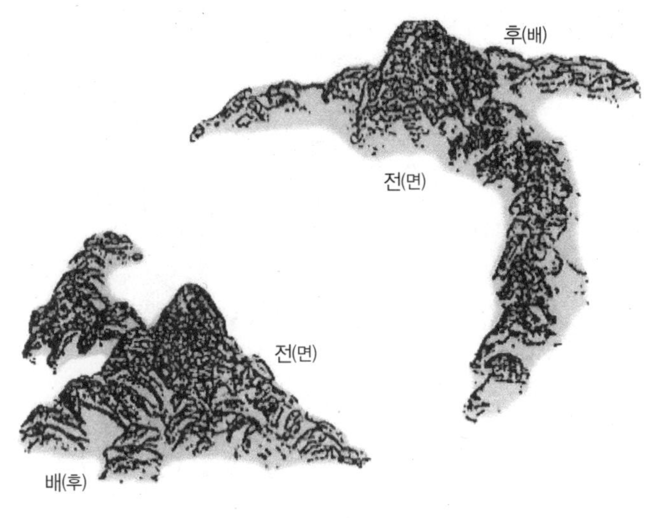

• 용의 앞과 뒤[20] •

좌선룡일 경우 내려다봤을 때 오른쪽이 앞면이 되며 왼쪽이 뒷면이다. 반대로 우선룡은 오른쪽이 뒷면이고 왼쪽이 앞면이다. 지세의 기운을 분석할 때는 용의 앞과 뒤를 구분하는 것은 매우 중요하다. 용의 앞은 생기가 있어서 명당을 이루므로 집터를 선정할 때는 용의 앞을 고르는 것이 좋다. 용의 뒷면은 흉가가 되기 쉽다.

예를 들어 서울 신당동은 남산의 맥이 장충체육관을 지나 청

20 심재열(2020), p. 84.

계천을 향해 내려가는 능선에 자리 잡고 있어서 명당에 속한다. 그래서 박정희 대통령을 비롯해 이병철 회장 등 유명 인사가 많이 살았던 곳이다.

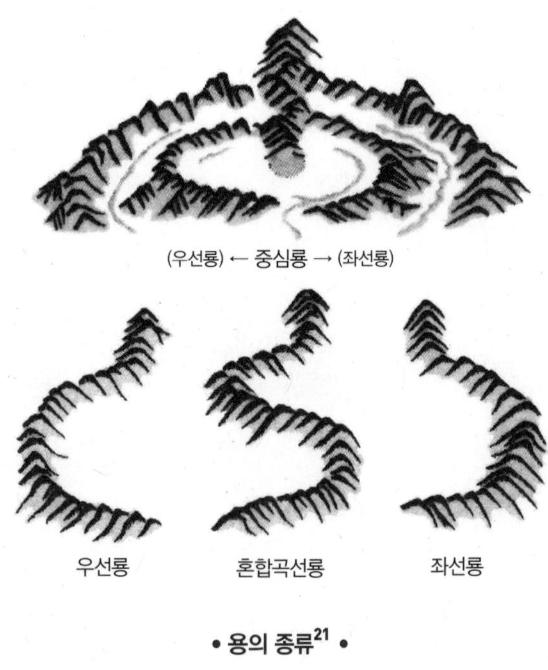

• 용의 종류[21] •

그러나 신당동이라고 해서 모두 명당은 아니다. 얼마 전에 아버지를 살해한 대학교수도 그곳에 살았고 그 집은 패륜의 현장

---

21 심재열(2020), p. 85.

이 되고 말았다. 그 집을 직접 찾아가 분석해본 결과, 용의 후면에 위치한 것을 확인할 수 있었다. 남향으로 반듯한 형태를 이루고 있고, 전면은 대로에 접해 있으며, 후면은 야트막한 언덕에 의지하고 있어서 이른바 배산임수의 조건을 갖추고 있었다. 그래서 웬만한 풍수 전문가가 보아도 명당으로 해석하기 쉬운 지세였다. 그러나 용의 후면이라 생기가 없고 흉한 바람이 불며 흉흉한 소리가 들릴 수 있다. 따라서 이곳에 사는 사람의 마음은 늘 불안하고 악한 마음이 생기기 쉽다.

사실 용의 전면과 후면은 종이의 앞뒤처럼 거리적으로 매우 가깝지만, 햇빛이 앞면에 비치면 뒷면은 음지가 되듯 용의 앞면에만 명당이 있다. 작은 능선에 의해 구분되어도 그 기운의 차이는 실로 엄청나다.

용의 종류

생룡(生龍)과 사룡(死龍): 생룡에는 생기가 통하고 있어서 혈을 이루고 있는 반면, 사룡에서는 생기가 이루어지지 않는다. 따라서 명당은 생룡에서만 이루어진다. 생룡과 사룡은 형태로 구분하는데, 갈지자와 같은 변화를 하거나 상하운동하는 변화를 이루고 있으면 생룡으로 보고, 변화가 없이 펑퍼짐하게 퍼져 있으면 사룡으로 본다. 생룡의 흙은 밝고 생기가 있는 반면, 사룡은 푸석푸석하여 탄력이 없고 기운이 없으며 죽은 색을 갖고 있다.

정룡(正龍): 용이 산봉우리와 강하게 연결되어 있으면서 변화가 아름다운 것을 정룡 혹은 주룡(主龍)이라고 한다. 정룡은 혈을 이루는 용으로서, 주봉에서 혈까지 직접 연결되어 '내룡(來龍)'이라고 한다. 주룡이 생기를 발하며 앞으로 진행하기 위해서는 절점에서 좌측과 우측에 작은 용을 만들며 진행해야 한다.

간룡(幹龍)과 지룡(枝龍): 나무에 줄기와 가지가 있는 것처럼 용에도 간룡과 지룡, 작은 가지룡 등이 있다. 간룡이란 백두산이나 태백산과 같이 거대한 산맥에 의한 용으로, 거대하고 과격한 용을 말하며 '원룡(原龍)'이라고도 한다. 지룡이란 간룡으로부터 뻗어 나온 용을 말하며, 작은 가지룡은 지룡에서 다시 출발한 것을 말한다.

용의 형태에 의해 간룡은 대룡(大龍)으로, 지룡은 중룡(中龍)으로, 작은 가지룡은 소룡(小龍)으로 구분하기도 한다. 대룡은 능선의 높이나 좌우 폭이 넓은 용을 말하며, 많은 기운을 발생하는 능력을 갖고 있다. 이에 비해 중룡과 소룡은 높이나 좌우 폭이 작다. 대룡은 단면의 길이가 폭 30미터, 높이 20미터를 넘는 용이며, 중룡은 폭 20미터, 높이 10미터 이상 20미터까지, 소룡은 폭 10미터, 높이 10미터 미만으로 각각 구분한다.

전선 굵기에 따라 전류의 양이 각각 다르게 흐르듯, 용의 단면적에 따라서 지기가 흐르는 양도 비례한다. 일반적으로 간룡은 바다와 같이 큰물이 있는 쪽으로 흘러 내려가며, 지룡이나 작은 가지룡은 이와는 반대로 강물을 등지고 평탄한 들판을 향해 내려가는 경우가 많다. 또 꽃이 줄기에 피지 않고 가지에 피듯, 명당도 바다를 향해 내려가는 간룡에는 이루어지지 않고 들판을 향해 내려가는 지룡이나 작은 가지룡에 이루어진다.

일반적으로 용은 산의 높은 봉우리에서 시작하여 점차 낮은 곳으로 이동한다. 이처럼 높은 곳에서 시작하여 내려갈수록 낮아지는 형태의 용을 순룡(順龍)이라 한다. 반대로 역룡(逆龍)은 높은 곳에서 점차 낮아지면서 다시 높이 솟아올라 역봉을 이루는 형태를 말한다. 순룡이 있는 지세에서는 사람들이 모두 순한 마음을 갖고 부모에게 효도하며, 국가에 충성하는 인물이 많이 배출된다. 반면에 역룡이 있는 지역에서는 하극상 현상이 자주 일어난다.

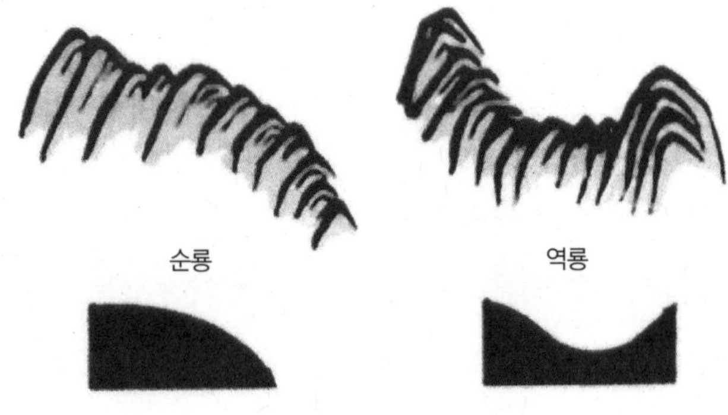

• 순룡(順龍)과 역룡(逆龍)[22] •

용의 형태가 좌우 균형을 이루지 못했거나, 좌우상하 변화가 부족한 것을 병룡(病龍)이라고 한다. 병룡이 있는 지세에서는 병적인 기운이 통해 불구자가 나온다. 결항사(結項砂)는 용이 변화 없이 길게 늘어져 있으면서 끝부분이 둥글게 솟아올라 있어 마치 목을 매고 죽어 축 늘어진 시신을 눕힌 형태를 이루고 있는 산을 말한다. 이런 지세에서는 목을 매달아 자살하는 사람이 발생하게 된다.

22 심재열(2020), p. 88.

용의 기운은 매우 다양한데, 그중 대표적인 열두 가지 기운을 '용세 12격'이라고 한다. 왕룡·반룡·은룡·독룡·비룡·회룡 등 여섯 가지의 생룡, 쇄룡·광룡·천룡·편룡·기룡·직룡 등 여섯 가지의 사룡이 있다.

왕룡(王龍): 강하고 밝은 기운을 발한다. 강체의 용에서 이루어지며, 큰 혈과 대명당을 이루는 용으로 단면이 좌우 균형을 이루어 상하 변화가 아름답다. 용 중에서 가장 이상적이다.

반룡(盤龍): 용의 기운이 둥글게 회전하는 형태를 이루며, 뱀이 둥글게 똬리를 튼 형태로도 비유된다. 혈과 명당을 이루는 생기를 갖고 있다.

은룡(隱龍): 일반적인 용은 지면보다 높이 솟아올라 눈으로 쉽게 구분되는 반면, 은룡은 지상으로 솟아오르지 않고 땅 속에 숨어 있는 것을 말한다. 은룡은 지면 아래에서 바위나 흙으로 연결되어 있으며, 혈과 명당을 이루는 기운이 있다.

독룡(獨龍): 용의 진행 과정에서 좌측이나 우측으로 가지가 나오지 않고 중심적인 한 가닥만으로 이루어진 것을 말한다. 이 지세에서는 대대로 독자가 출생하게 되는데, 지세에 따라 명당을 이루기도 하지만 주변 지세의 도움이 없는 경우에는 사룡이 된다.

비룡(飛龍): 좌우와 상하로 움직임이 많은 용을 말한다. 강한 생기를 이루고 있어서 혈과 명당을 이룬다.

회룡(回龍): 주봉으로부터 출발한 용이 진행하는 동안, 점차적으로 회전하여 주봉을 마주 바라보는 상태로 있는 것을 말한다. 이러한 지세를 '용이 회전하여 조상을 돌아본다'는 뜻으로 일명 '회룡고조(回龍顧祖)'라고도 하며, 혈과 명당을 이룬다.

쇄룡(碎龍): 땅에 변화가 없고 동시에 생기가 미약한 용을 말한다. 이러한 땅은 탄력이 없어 흐물흐물 흩어지는 토질로 이루어져 있다.

광룡(狂龍): 역룡과 같은 형태를 이루고 있는데, 용이 안정되지 못하고 마치 광분하는 상태와 같은 모양을 하고 있다. 이러한 지세에서는 험한 바위들이 불규칙하게 솟아 있는 것이 특징이다.

천룡(賤龍): 용의 형태가 단정하지 못하고 분산된 기운을 갖고 있다. 또 기운이 음습하여 잡초가 무성하게 자란다.

편룡(片龍): 단면상 좌측이나 우측 한쪽이 급경사를 이뤄 좌우 균형을 잃은 용을 말한다.

기운이 충분히 통하지 못하게 되므로 이런 지세에서는 혼자 사는 사람이 많아진다.

기룡(騎龍): 용이 급하게 달려가는 형태를 말한다. 주로 높은 산맥의 정상 부분에 많이 있으며, 산의 기운은 강하나 음양의 조화가 부족하여 생기는 이루어지지 않는다.

직룡(直龍): 용이 전혀 변화를 이루지 못하고 직선적으로 늘어진 형태를 말한다. 용의 기본 마디가 15미터인데, 30미터 이상을 변화 없이 직선으로 뻗은 용을 직룡으로 구분한다. 직룡은 대표적인 사룡이다.

용의 3격과 4체형

용은 각기 다른 기운을 갖고 있어서, 생기를 만들어주는 용이 있는가 하면 생기가 부족한 용도 있다. 그러므로 용에 따라 생기의 발생에 차이가 있으므로 생기를 만들어주는 용을 찾는 일이 명당을 찾는 지름길이다. 용은 세 가지 품격과 네 가지의 체형으로 구분된다.

먼저 품격은 주인격과 보조격, 배반격으로 나뉜다. 주인격 용은 중심적인 기운이 왕성하며, 용의 변화가 아름다워 혈을 이루는 용을 말한다. 주인격 용 옆에는 반드시 보조격 용이 있어서 주인격 용의 기운을 보조하는데, 명당 지세에서 주산과 주룡이 주인격 용에 해당한다. 주인격 용은 주산에서 가장 큰 힘을 갖고 내려오는 용으로, 주변 용보다 강한 힘을 갖고 있어야 한다. 만일 주변에 주인격 용보다 강한 용이 있으면 용의 기능을 다하지 못한다. 이런 주인격 용이 있는 지세에서는 명당이 형성되므로 정치적·경제적으로 성공하는 인물이 배출된다.

보조격 용은 자체적인 기운이 부족해 혈을 이루지는 못하지만 주변에 있는 주인격 용에 혈이 이루어지도록 돕는다. 명당을 향해 마치 절하듯 공손하게 마주 보고 있는데, 명당 지세에서 청룡이나 백호는 보조격 용의 대표적인 형태다. 청룡이나 백호는 자체적으로는 혈을 만들지 못하지만 주룡에 생기를 보내 혈을 만들어주기 때문이다. 보조격 용이 있는 지세에서는 여러 사람이 협력하여 큰일을 이룬다.

배반격 용은 용의 후면, 즉 등을 보인 용을 말하는데, 자신의 기운을 명당 쪽으로 보내지도 않고 오히려 명당의 기운을 빼앗아 간다. 이런 지세에서는 이웃을 배반하는 사람이 많고, 따라서 인심이 좋지 않다. 큰 인물도 배출되지 않는다.

용의 체형은 용에 흐르는 기운을 청탁(淸濁)과 흉(凶)의 성질로 해석하기 위해 구분하는데, 용의 단면 형태를 기준으로 강체, 중체, 약체, 병체 등 네 가지 형태로 구분한다.

강체는 한옥의 수키와를 엎어놓은 것처럼 둥그렇게 솟아오른 형태로, 좌우 균형이 알맞고 적당하게 탄력을 이룬 능선을 말한다. 강체의 용은 깨끗하고 강하며, 여유 있는 기운이 통과하여 혈과 명당을 이룬다. 중체는 단면으로는 좌우 균형을 이루고 있으나 직선으로 되어 있어서 강체보다는 힘의 여유가 부족한 편이다. 그러나 중체의 용에는 깨끗한 기운이 흘러 혈과 명당을 이룬다. 약체는 삼각형을 이루지만, 좌우 경사면에 근육이 부족하여 뾰족한 형태를 이루고 있다. 기운이 깨끗하지만 강체나 중체에 비해 기운이 약하다. 병체의 용은 좌우 균형을 이루지 못하고 불균형한데, 정상적인 변화가 부족해 탁한 기운이 흐른다.

이왕이면 대명당을 찾으려는 사람도 많은데, 대명당은 큰 용에 의해 이루어진다고 여겨 높은 산의 상부를 명당으로 해석하고 이러한 자리에 묘를 쓰는 경우가 더러 있다. 그러나 높은 지세에서는 용이 크더라도 명당이라 할 수 없다. 명당은 산의 기운과 물의 기운이 결합하는 비교적 낮은 지세에서 이루어지기 때문이다. 평탄한 지면에서의 용은 크지는 않아도 명당이 많다. 그러므로 명당을 찾을 때는 높은 산에서 큰 용을 찾기보다는 낮은 지세의 작은 용이더라도 강체의 용을 찾는 것이 좋다.

용의 5단계 결혈(結穴) 과정과 혈판의 형태

하늘과 땅에는 각각 양전기와 음전기가 분포되어 있다. 지표면 중에서 뾰족하게 솟아오른 산이나 능선에는 평탄한 땅에 비해 음전기가 많이 모여 있어 벼락이 떨어지기도 한다. 태양에 의해 지표면의 온도가 높아지면 그 지열은 산의 능선을 통해 봉우리까지 전달되고, 저녁에 해가 지고 기온이 내려가면 산봉우리의 찬 기운이 능선을 따라 낮은 지면으로 전달된다. 이처럼 능선을 통해 열이 상하로 이동하는데, 이것은 곧 용이 높은 산봉우리와 낮은 지면 사이를 연결하는 지기의 통로 역할을 하고 있음을 뜻한다.

발전소에서 발전된 전기는 변전소, 분전반 등을 거쳐 주택의 전등으로 전달되는데, 이 전기는 전선을 통해서 전달된다. 전선이 중간에 끊기거나 연결되지 않으면 전기가 통하지 않는 것처럼, 용이 연결되지 않은 곳에서는 혈이나 명당이 이루어지지 못한다. 또 전선 굵기에 따라 전류의 양이 다른 것처럼 굵은 용에는 많은 기운이 흐르고, 가는 용에는 작은 기운이 흐른다.

주산에서 발생한 기운이 혈까지 전달되는 과정은 태조(太祖), 중조(中祖), 소조(小祖), 입수(入首), 혈판(穴板) 등의 5단계를 따르며, 이 사이에는 용이 있어서 서로 앞뒤의 기운을 연결한다. 혈을 이루기 위해서는 반드시 이 과정이 필요하다. 그런데 만일 용이 끊어지면 혈이 이루어지지 않거나, 있더라도 미약하다.

용의 5단계 결혈 과정 중 태조는 주산에 있는 주봉, 즉 용이 연결된 가장 높은 산봉우리를 말한다. 중조는 태조로부터 내려오던 기운이 새롭게 뭉쳐서 이루어진 작은 봉우리를 말하고, 소조는 중조에서 내려오던 기운이 다시 뭉쳐서 이루어진 작은 봉우리를 말한다. 또 입수는 소조로부터 용을 통해 내려오던 기운이 혈을 이루기 위해 단단하고 강하게 뭉쳐진 지점을 말하며, 혈판은 입수에 들어온 기운이 혈을 만들기 위해 만든 널찍한 공간을 말한다. 혈판 중심부에는 혈이 자리 잡는다. 따라서 혈판 주변의 평탄한 공간은 모두 명당이 된다.

용의 변화와 발복 기간

주산의 기운이 혈과 명당을 이루기 위해서는 주산과 혈 사이의 용이 끊어지지 않고 연결되어 기운이 통해야 한다. 이러한 관계는 나무의 뿌리에서 꽃에 이르기까지 줄기와 가지를 통해 일관된 기운이 흐르는 것과 같다.

주산에서 출발한 용의 기운이 혈까지 전달되려면 용의 중간중간에 일정한 형태의 변화가 일어나야 한다. 산봉우리에서 혈까지 여러 형태로 변화되면서 기운을 전달하는 통로를 생성해야 한다는 말이다. 이렇듯 용의 형태가 변화되어 있는 것은 기운이 통하는 생룡, 용의 변화가 이루어지지 않고 직선으로만 연결되면 기운이 없는 용이거나 죽은 용, 즉 사룡이라 한다.

용의 진행은 그 방향에 따라 해석이 달라진다. 용이 마치 갈지자와 같은 형태를 이루고 있는 것은 '좌우 진행형'이라고 하는데, 뱀이 앞으로 나아가기 위해 구불구불 움직이는 형태와도 비슷하다. 사람의 걸음걸이도 이와 마찬가지여서, 대략 60센티미터 폭으로 걷는 사람을 건강하다고 본다. 건강한 용은 15미터가 한 걸음, 즉 한 폭이다. 따라서 15미터마다 형태의 변화를 이루며 앞으로 진행하는 것을 가장 이상적으로 본다.

용에 따라서는 걸음 폭이 20미터가 넘는 경우도 있다. 30미터를 넘어도 변화가 없다면 죽은 용이다. 좌측과 우측으로 진행하면서 대개 30도 각도를 이루고, 힘이 강한 용일수록 각도가 커서 90도를 이루는 것도 있다. 반면 힘이 약한 용은 30도에도 미치지 못하고, 사룡인 경우에는 변화가 없다.

용이 솟아올랐다가 떨어지고 다시 솟아올랐다가 떨어지는 '상하 진행형'도 있다. 용과 관련된 옛이야기에서 깊은 바닷속에서 사는 용은 승천하기 위해 하늘로 솟아오른다. 그러나 단 한 번에 하늘로 올라갈 수 없어서 솟아올랐다가 떨어지고 다시 솟아올랐다가 떨어지기를 반복하며 상하운동을 계속한다. 이는 산의 능선이 높아졌다가 낮아지고 다시 높아졌다가 낮아지는 것과 같다. 그래서 상하로 움직이는 용의 기운을 강하게 본다.

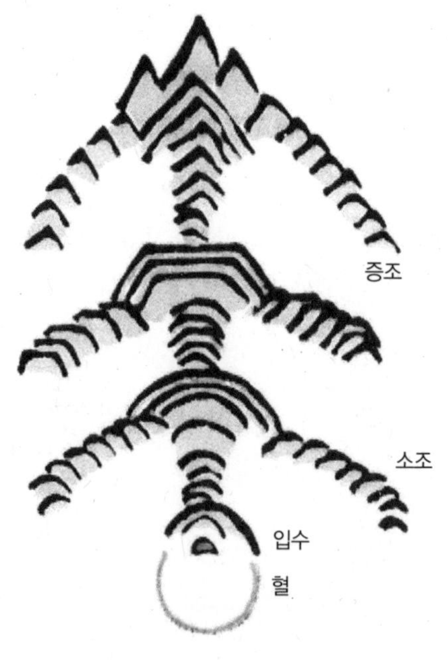

• 용의 5단계 변화 과정[23] •

또 용이 내려오다가 하나의 마디에서 좌측과 우측, 전면의 세 방향으로 뻗어 나가 내룡까지 합해 십자 모양을 이루는 십자맥도 있다. 이때 주룡은 직선으로 내려가고 두 개의 맥은 좌측과 우측으로 동시에 뻗어 나가 백호를 이루는데, 십자맥은 용의 기운이 매우 강한 경우에만 발생한다. 그래서 십자맥을 왕의 기운

23 심재열(2020), p. 92.

을 지닌 용으로 해석하여, 그곳에서 왕이나 큰 재벌이 나온다고 본다.

• 용의 여러 가지 모양[24] •

한편 주산과 혈 사이에 있는 주룡은 개장(開帳)과 천심(穿心)의

24 심재열(2020), p. 86.

변화를 이룬다. 개장이란 장막을 병풍처럼 넓게 펼친다는 뜻으로, 산이 주산을 중심으로 하여 병풍처럼 좌우로 넓게 펼쳐진 모양이다. 개장된 산은 마치 독수리가 날개를 좌우로 펼친 모습과도 같은데, 양쪽의 날개는 동일한 정점에서 출발하기도 하지만 서로 다른 정점에서 출발하기도 한다. 동일한 지점에서 양 날개가 출발하면 십자맥이 되므로 더욱 강한 혈을 이룬다. 천심은 주산의 기운이 혈에 이르기까지 맥이 통하는 과정을 말하는데, 주산의 기운이 혈까지 전달되려면 주봉의 기운이 강력한 동시에 생룡이어야 한다.

용의 변화에 따라 박환(剝換)과 과협(過峽)으로 구분하기도 한다. 박환이란 강하고 험한 용이 부드러운 형태로 변화를 일으키는 과정을 말하며, 과협은 용으로 관통하는 기운이 혈을 이루기 위해 통과하는 목과 같이 가늘고 강한 용을 말한다. 용의 형태가 바뀌면 기운의 종류도 강한 기운에서 생기로 바뀐다. 과협에는 강한 기운이 밀집하여 통과하므로 마치 기운을 묶은 것 같은 형태라 속기(束氣)라고도 한다.

용은 산의 봉우리를 뒤로하고 낮은 지역을 향해 내려가는 성질을 지니며 마디에서 받쳐주는 힘의 진동에 의해 앞으로 진행한다. 이때 뒤에서 받쳐주는 용을 지각(枝脚) 혹은 후장(後杖)이라고 한다. 지각의 크기에 따라 용의 힘이 결정되는데, 큰 지각을 가진 용은 강한 힘으로 전진하고 작은 지각을 가진 용은 뿌리를 갖고 있지 못한 약한 용이 된다. 지각은 청룡이나 백호가 되기도 하는데, 지각이 하나의 봉우리를 일으킨 후에는 주룡으로 바뀌어 혈을 이루기도 한다.

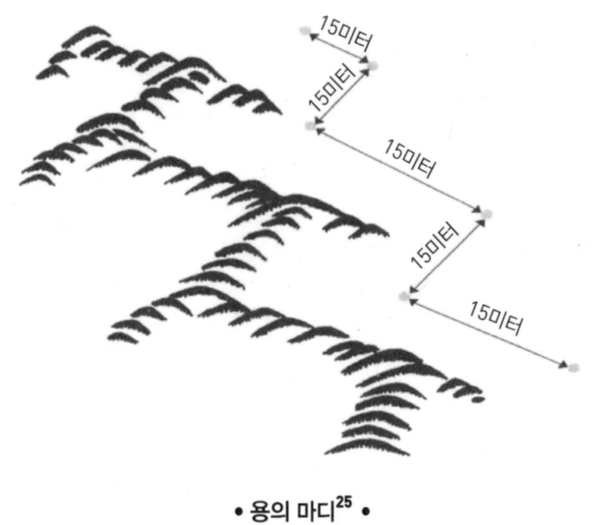

• 용의 마디[25] •

이상적인 생룡은 평균 15미터마다 바위나 작은 가지로 절(節) 하나를 이룬다. 절의 수는 곧 발복 기간을 뜻하는데, 한 절의 발

25 박시익(1999), p. 117.

복 기간은 30년이다. 따라서 혈에서 주봉까지의 생룡 길이가 45미터이면 3절이며, 300미터이면 20절이다. 혈에 연결된 용의 길이가 3절이면 90년 동안 발복한다. 용이 중간에서 끊겼다면 혈부터 끊어진 곳까지의 절 수를 세어 발복 기간을 계산하고, 끊어진 이후의 용은 발복으로 보지 않는다. 그러나 산마다 절의 길이는 용에 따라 달라서 혈에 연결된 용의 절 수는 직접 보고 따져야 한다.

노후를 책임져줄 만큼 안정적인 수입을 얻으려면 지각이 있는 부동산을 찾아야 한다. 큰 지각이 있는 용은 강한 힘으로 전진하여 청룡이나 백호가 되기도 하는데, 이런 터에 있는 부동산은 분양이나 임대가 쉽게 되고 세입자는 오래 그 자리에 거주하며 안정적인 월세 수입을 보장받는다.

TIP 임야를 개발하여 단독주택 9세대 분양하는 서울 부자 투자법

경기도 파주시 문산읍 당동리 산 98-1번지의 계획관리지역으로 용적률 100% 이하, 건폐율 50% 이하인 산 임야 4,165㎡였다. 이곳에 단독주택 9세대를 신축했는데, 연면적 1,108.26㎡(335.5평)로 평당 600만 원에 분양했다.

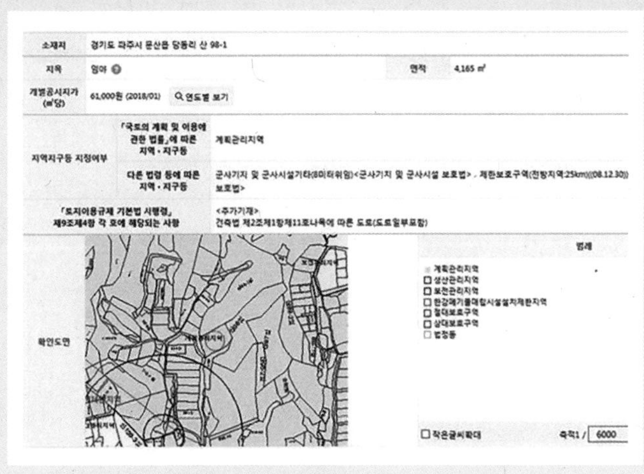

소재지	경기도 파주시 문산읍 당동리 산 98-1		
지목	임야	면적	4,165 ㎡
개별공시지가(㎡당)	61,000원 (2018/01) 연도별 보기		
지역지구등 지정여부	「국토의 계획 및 이용에 관한 법률」에 따른 지역 · 지구등	계획관리지역	
	다른 법령 등에 따른 지역 · 지구등	군사기지 및 군사시설기타(8미터위임)<군사기지 및 군사시설 보호법> , 제한보호구역(전방지역:25km)((08.12.30))보호법>	
「토지이용규제 기본법 시행령」 제9조제4항 각 호에 해당되는 사항	<추가기재> 건축법 제2조제1항제11호나목에 따른 도로(도로일부포함)		
확인도면	범례: 계획관리지역, 생산관리지역, 보전관리지역, 한강폐기물매립시설설치제한지역, 절대보호구역, 상대보호구역, 법정동 / 작은글씨확대 / 축척1 / 6000		

토지 구입비는 1억 8,915만 원으로 평당 15만 원이었고, 나무와 돌을 제거하고 정지한 후 축대를 쌓고 지목을 변경했으며 토목 건설 작업을 했다. 총 건축 비용 2억 130만 원이라 적자가 발생할 수 있었다.

대지위치	경기도 파주시 문산읍 당동리 산 98 - 1				
대지면적					4,148 ㎡
건축물명	문산읍 당동리 산98-1 단독주택 ([illegible])		주용도		단독주택
건축면적		740.43 ㎡	건폐율		17.85 %
연면적 합계		1,108.26 ㎡	용적률		26.72 %

동고유번호	동명칭및번호	연면적(㎡)	동고유번호	동명칭및번호	연면적(㎡)
1	주건축물제1동	123.14	2	주건축물제2동	123.14
3	주건축물제3동	123.14	4	주건축물제4동	123.14
5	주건축물제5동	123.14	6	주건축물제6동	123.14
7	주건축물제7동	123.14	8	주건축물제8동	123.14
9	주건축물제9동	123.14		9세대총건축면적	1,108.26

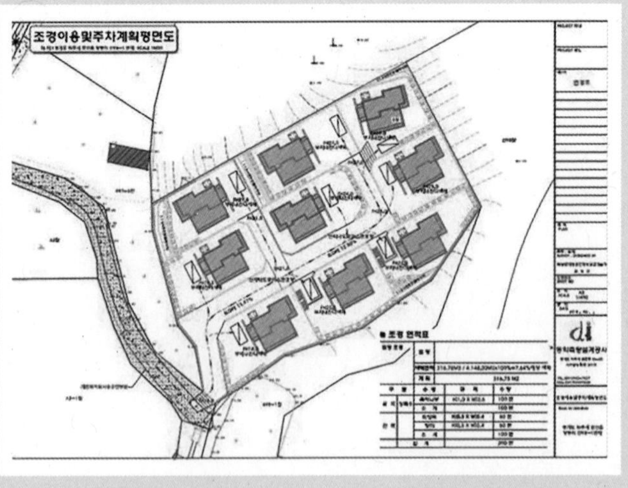

자칫 잘못하면 일부 맹지인데도 모르고 땅을 구입하여 손실을 볼 수도 있었다. 그러나 승역지와 요역지라는 조건을 활용하여 건물을 추가로 준공할 수 있었다. 지상권설정계약을 통해 등기부등본에 승역지와 요역지를 등기하고 매해 부지비를 지급하면 된다.

요역지(要役地)는 남의 땅을 지나야만 하는 내 땅이고, 승역지(承役地)는 내 땅에 가기 위해 지역권을 설정해야 하는 남의 땅을 가리킨다. '요'는 일방 당사자가 '요구하여 활용한다'는 의미이고, '승'은 상대방이 '승낙한다'는 의미다.

실제 사례 풍수지리가 맞지 않는 부동산 경매물건에서 일어난 일

인천 부평에 있는 12세대 빌라 중 3층에 있는 집이었다. 이 물건은 풍수지리학적으로 사방이 다 막혀 있고 땅이 꺼진 형국이었다. 공기 순환이 되지 않아서 쾌적하게 통풍하지 않아 사람들이 폐 질병이나 정신적인 문제를 안고 있었다. 게다가 좀도둑이 많았다.

3,370만 원에 낙찰받아 세입자는 전액 배당받는 자리였기에 월세를 재계약했다. 보증금 300만 원에 월세 30만 원이었다. 세입자는 60대 할머니로 손주 둘과 같이 거주하고 있었다. 처음 석 달간은 월세가 잘 들어왔는데, 이후부터 월세를 내지 않아 집으로 방문했다. 그랬더니 할머니는 사위가 하라는 대로 했다며 사위의 전화번호를 알려주었다. 그래서 사위에게 연락했더니 곧 이사 갈 예정이니 조금만 기다려달라며 급히 전화를 끊어버렸다. 느낌이 좋지 않았다.

집을 내놓으려고 방문했더니 인근 중개업소의 이야기는 충격적이었다. 사위는 그 빌라를 지은 건축주인데, 그 집도 대출을 있는 대로 받고 장모님을 가장 임차인으로 해서 계약서를 위조해 배당받아 살고 있다는 것이었다. 돈 관계도 그렇지만, 거짓말도 하고 힘으로 사람을 위협한다고 했다.

아니나 다를까, 그날 이후 월세를 1년 6개월 동안 내지 않고 말도 없이 집을 이사했다. 밀린 전기요금, 상하수도 요금 역시 단 한 푼도 내지 않았다.

역시나 풍수지리학적으로 집터가 좋지 않더니 이런 일이 생기고 말았다. 인근 중개업소에 매매 및 월세로 내놓았는데, 매매는 쉽게 이뤄지지 않았고 어렵사리 두 번째 세입자가 들어왔다. 이번에는 세입자가 필자와 이름이 같았다. 신기한 일이지만 이름이 같다는 말을 듣고 참 반가웠다. 이 세입자와도 보증금 300만 원에 월 30만 원으로 월세 계약을 체결했는데, 입주 이후 단 한 번도 월세를 납입하지 않아 집을 방문했다.

그러고도 6개월 동안 월세는 들어오지 않았다. 집을 비워달라고 세입자에게 요청하고, 중개업소에 매매로 내놓았다. 어느 날 중개업소에서 전화가 왔다. 매수인이 있어 등기부등본을 떼어보니 가압류가 되어 있다고 한다. 직접 등기부등본을 떼어보니 ㅇㅇ제약회사에 8,000만 원 가압류가 되어 있었다. 즉시 회사에 전화를 걸었다. 제약회사에 외상 거래 대금이 연체되어 가압류했다고 했다. 생각해보니 그 세입자가 제약회사에 다닌다는 이야기를 들었던 것 같다. 가압류를 하면서 주민등록번호도 확인하지 않은 게 더 이상했다. 그렇게 사건은 마무리됐다.

3개월 후, 세입자가 전화를 받지 않아 집을 방문해보니 황당한 일이 벌어졌다. 세입자가 모두 짐을 빼고는 문도 열어놓은 채 사라진 것이다. 옆집에 물어보니 며칠 전 새벽 5시에 이사했다고 한다. 너무 화가 나서 세입자에게 전화를 걸었다. 전화를 받지 않았다.

6개월 후 이 집을 주변 시세보다 저렴하게 매매로 내놓았다. 새 주인이 나타났다. 5,500만 원에 넘기고는 더 이상 집에 대한 미련을 버렸다.

풍수지리로 재테크 성공하는 방법

운을 부르는 풍수지리로 부자가 되는 부동산 투자

SECTION 01

생활 풍수

혈과 명당을 찾기 위해서는 산과 생룡부터 찾아야 한다. 명당은 생룡 위에 자리 잡고 있기 때문이다.

태조 이성계는 풍수지리설의 원칙에 따라 수도를 개성에서 한양으로 이전했다. 도읍지뿐만 아니라, 경복궁이나 창덕궁 등 궁궐도 풍수지리 원칙에 따라 명당에 지었다. 조선 역사가 다른 국가들에 비해 600년 역사를 유지한 것도 명당에 터를 잡았기 때문이다.

또 유명한 사찰은 모두 명당에 자리 잡고 있다. 해인사, 송광사, 통도사 등 현존하고 있는 큰 사찰의 가장 중요한 공간인 대웅전 등의 금당은 모두 생룡과 강룡 위에 자리 잡고 있다. 대웅전 뒷면은 산으로 연결되어 있는데, 이 산은 바로 주봉으로 연결된 주룡이다. 명당에 자리 잡은 사찰에서는 지기의 영향으로 오랜 세월에 걸쳐 큰스님이 많이 배출되었고, 많은 신자를 제도하는 큰 사찰로 발전했다.

이에 반해 익산의 미륵사지, 경주의 황룡사지 등과 같은 폐사찰은 모두 용을 갖고 있지 못한 채 평탄하거나 골짜기 같은 지세, 즉 지기가 부족한 땅에 자리 잡은 경우가 대부분이다. 터를 잘못 잡은 사찰은 아무리 거대하게 건물을 지어도 오래가지 못한다.

• 명동성당[26] •

26 2022년 11월 1일 필자 촬영.

사찰뿐만 아니라 천주교 성당도 대부분 명당에 자리 잡고 있다. 이것은 국내뿐만 아니라 외국의 성당도 마찬가지다. 외국의 성당을 돌아보면 이러한 사실을 확인할 수 있다. 원래 외국의 성당 지하실은 묘지로 사용되었다. 그래서 신자는 죽은 후 성당 지하실에 안치되는 것이 최고의 영예였다. 지하실 공간이 부족하면 성당 주변의 들판을 묘지로 사용했다.

결국 천주교 신자들은 살아서는 명당에서 예배를 보고, 죽어서는 명당에 묻히는 셈이다. 서양의 신부들은 풍수지리를 공부하지도 않았는데 어떻게 명당에 터를 잡을 수 있었을까? 성당 하나를 짓기 위해서는 오랜 세월에 걸쳐 터를 고르고 돌을 골라 하나씩 쌓아야 했다. 그러니 신부와 신도의 정성에 감복한 신이 명당으로 인도한 것이 아닐까 싶다.

좋은 학교도 대부분 명당에 자리 잡고 있다. 소위 명문 학교는 대부분 명당에 있다. 그러나 학교가 명당에 자리 잡아도 건물 형태가 중심으로 기운을 모으지 못하면 개인주의가 강해서 화합하지 못할 수 있다.

명당에선 사람에게 유익한 기운이 나온다. 그래서 명당에서 살면 마음이 편안하고 건강이 좋아지며, 정치적·경제적인 큰 인물이 배출된다. 사람이 주거하는 집뿐만 아니라, 생산 현장인

공장도 명당에 있어야 좋다. 공장이 명당에 있으면 생산이 원활히 이루어져 성공을 거두는 반면, 지세가 좋지 못한 공장에서는 불의의 사고가 일어나거나 분쟁이 일어나고 생산성이 떨어지는 등 이롭지 않다.

투자 부동산을 직접 방문하여 살펴보지 않아도 요즈음은 인터넷으로도 지도와 위성사진을 통해 좋은 풍수인지 파악해볼 수 있다.

명당에 자리 잡은 종교 시설

김제시 금산면의 모악산은 어머니가 아이를 안고 있는 모양이라 이런 이름이 붙었다. 높이 795.2미터로 노령산맥의 말단부에 솟아 있으며, 주위에 선각산, 국사봉 등이 있다. 동쪽 사면에서 발원한 계류는 구이저수지로 흘러든 뒤 삼천천을 이루며 전주시로 흐른다. 서쪽 사면에서 발원하는 두월천, 원평천은 동진강에 흘러들며 김제 벽골제의 수원이 된다. 지금도 주변에는 사금 광산이 몇 군데 있다.

이 일대는 계룡산의 신도안, 풍기의 금계동과 함께 명당이라 하여 좋은 피난처로 알려져 있다. 한때 수십 개의 신흥 종교 집단이 성행했을 정도다. 미륵신앙의 본거지로 용화교가 일어나기도 했다. 자연경관이 빼어나고 한국 거찰의 하나인 금산사를 비롯한 많은 문화유적이 있어서 호남 4경의 하나로 꼽힌다.

SECTION 02

실패하는 부동산 찾는 법

다음에 설명할 다섯 가지 풍수의 부동산은 가급적이면 피하는 게 좋다. 그러나 이런저런 사정상 꼭 구매해야 한다면 거북이 모양의 돌을 들어오는 문 앞에 묻는다거나, 원앙 한 쌍, 부엉이, 풋사과, 죽순 그림을 집 안에 걸어놓으면 큰 화는 면할 수 있다.

첫째, 경사가 급한 곳에 있는 부동산

비탈길은 물이 급하게 내려가듯 재산도 비탈길을 따라 사라진다. 건물도 돈이 쌓이지 않고 파산을 피할 수 없다.

둘째, 막다른 골목집이나 세모난 땅에 지은 집

도로에 막다른 집과 골목 끝에 있는 집은 바람을 변화시켜 대흉상을 일으킨다. 골목 끝부분이나 골목 끝과 대각선으로 연결되는 집에 살 경우에는 거주하는 사람들이 신경질적이 되고, 사업에 방해받아 실패만 거듭할 확률이 높다.

셋째, 집 안의 나무가 지붕보다 높다.

나무의 그늘이 햇볕을 가려 집안 사람들에게 해를 입힌다.

조선 후기 실학자 홍만선이 쓴 《산림경제》에서는 큰 나무가 마루 앞에 있으면 질병이 끊이지 않으며 집의 뜰 한 가운데에 나무를 심으면 한 달 내에 재물이 흩어지는 등 재앙이 생길 수 있다고 경고했다.

넷째, 대로변에 있는 집

도로와 인접한 접도구역은 각종 소음과 먼지로 풍수와 기가 탁해지고 쇠해져서 대인관계에 마찰이 생길 수 있어 건강을 해치고 경제적으로 어려워지기 쉽다. 풍수에서는 집은 음, 도로는 양으로 보는데 주택지에 비해 도로가 너무 크면 음양의 부조화로 좋지 않은 일이 자주 생긴다고 한다.

다섯째, 망해서 나간 집이나 그런 집을 경매로 낙찰받은 경우

이전에 거주하던 사람이 망하거나 집 안에서 며칠씩 시신이 방치되었다거나 비명횡사한 집은 좋은 집터라고 볼 수 없다. 풍수지리적으로 보면 반드시 집의 좌향이나 안방, 부엌 등의 배합에 그 이유가 있다고 한다. 그런 집을 경매로 낙찰받으면 햇볕이 잘 들게 하고 전등을 밝게 설치해야 한다.

부동산 투자 시 풍수를 무시하면 안 되는 이유

인천광역시 서구 석남동에 있는 단독주택을 경매로 낙찰받았다. 그런데 막상 집에 가보니 막다른 골목 안쪽의 불규칙한 모양의 땅에 지어진 건물이었다.
아들의 사업 자금으로 집을 담보로 삼았는데, 사업이 망해 경매로 넘길 수밖에 없었다는 이야기를 그 아버지로부터 들었다. 거실에 걸린 화목한 가족사진을 보니 안타까운 마음이 들었다.
집 밖으로 나와 정원을 바라보니 구석에 아름드리 커다란 은행나무가 있었다. 사람이 사는 집에는 큰 은행나무가 있으면 음기가 강해져서 사업이나 장사가 안 되고 흉사가 잦다고 한다. 풍수를 무시하고 집 안을 꾸미거나 건물을 지어서는 안 된다는 사실을 다시금 확인했다.

SECTION 03

풍수지리로 바라본 최고의 명당

집 안의 인테리어를 풍수에 맞게 아무리 잘한다고 해도 땅과 지형 등에 의해 인테리어가 무의미해질 수 있다. 그러므로 먼저 땅의 기운을 확인해야 한다. 서울을 기준으로 풍수지리적으로 터가 좋은 곳을 살펴보자.

첫째, 궁수형

도로나 강, 하천이 감싸주는 지형을 궁수형이라고 한다. 집 주변으로 모나지 않게 지형이 잡혀 있으면 거주하는 사람의 마음이 안정적이고 편안하다.

둘째, 배산임수

산을 등지고 물을 바라보는 것이다. 우리나라 전통적인 건물 배치법이라 대부분의 건물은 이에 따라 지었다. 대부분은 남향을 선호하지만, 배산임수라고 해서 꼭 남향이어야 하는 것은 아니다. 특히 금계포란형이라면 땅의 기운이 더욱 좋을 수 있으니 관심 있게 살펴볼 필요가 있다.

셋째, 인구가 몰리는 곳

인구가 많다는 것은 그만큼 도시의 수요가 높다는 뜻이다. 즉, 학군, 상권, 일자리 등이 잘 구성되어 있고 사람들이 살기에 유용하고 쾌적하다는 증거다. 인구가 밀집되는 도시는 꾸준하게 관찰하고 보면 좋은 곳을 찾을 수 있다.

넷째, 땅의 조건 잘 파악하기

이런 조건을 일반인은 잘 살피기 어렵다. 그러므로 전문가의 의견을 듣는 것도 좋겠다.

다섯째, 방어형

전쟁이 났을 때 방어하기에 좋은 지형을 가진 땅이 있다. 과거에는 목숨이 달린 일이었으므로 중요한 조건이었다.

배산임수

배산임수는 풍수지리 명당의 조건 중 하나다. 겨울에는 북에서 내려오는 찬 기운을 막아주고, 여름에는 강에서 불어오는 시원한 바람이 열기를 식혀주며, 남향이어야 햇빛이 들어 습기를 막아준다. 강이 가까이 있으면 농업용수 및 생활용수를 구할 수 있다.

서울에서 가장 대표적인 명당이 경복궁이다. 동서남북으로 산과 공원이 있고, 아래로는 청계천이 흘러 전형적인 배산임수다. 꼭 철저히 풍수를 따져야 하는 건 아니지만, 바르고 여유로운 마음가짐을 배운다고 생각하고 공부해보는 건 어떨까?

SECTION 04

상가 투자와 창업 시 고려할 풍수

상가의 길흉 판단은 입지 환경 등을 바탕으로 용, 혈, 사, 수, 향을 따져 판단해야 한다. 시세차익이나 임대수익을 얻기 위해서든 직영하기 위해서든, 리스크를 최소화하기 위해 고려할 점이 있다.

첫째, 뒷건물이 앞건물보다 높은 곳

기가 막힌다고 여겨 상가를 매도할 때 구매자의 관심이 떨어질 수 있다. 또한 뒷산의 고도가 높으면 산사태 등의 위험도 고려해야 한다.

둘째, 북향 상가 건물

북향은 일조량이 적어 실내가 어둡고, 겨울에는 난방비가 많이 들 수 있다. 햇빛을 충분히 받지 못해 습기와 곰팡이 문제가 발생할 가능성이 높으며, 환경이 쾌적하지 않을 수 있다. 따라서 상가로서 선호도가 낮고, 재산 가치 상승이 어려울 수 있다.

셋째, 도로보다 낮은 곳에 위치한 건물

비가 많이 올 경우 침수의 위험이 있다. 배수 문제가 자주 발생할 수 있으며, 물에 잠길 가능성이 있어 유지 비용이 많이 들 수 있다. 또한 낮은 지대에 있는 상가는 풍경이 좋지 않다.

넷째, 혐오 시설 인근

혐오 시설 주변은 환경적, 심리적 불안감을 유발한다. 소음, 악취, 오염 등의 문제로 환경이 열악해질 수 있으며, 주변 시세가 떨어져 재산 가치가 하락할 가능성이 크다.

다섯째, 유해 물질로 오염된 토지

토양 오염 문제는 건강에 치명적일 뿐만 아니라, 토지 정화 비용이 매우 높게 든다. 오염된 토지의 경우 매매가 어려우며, 부동산 가치도 큰 폭으로 하락할 수 있다.

여섯째, 소음이 심한 지역

고속도로, 철도, 공항 등 소음이 심한 곳은 삶의 질을 크게 저하시키고 재산 가치도 낮다. 특히 방음 상태가 좋지 않다면 생활 속 불편이 더 심해질 수 있다.

SECTION 05

숙박시설의 풍수

풍수적으로 숙박시설은 뒤에서 밀어주는 산이나 바위가 있고 앞에는 호수나 강이 있으면 최상이지만, 용도를 변경하거나 개발하면서 호랑이 형상을 한 지형의 배꼽 위치에 자리하게 하는 것도 좋다고 본다.

국가에서는 서울 강남 4구와 세종 등 투기지역에서 주택담보대출을 가구당 1건으로 제한한다. 특히 서울 14개구를 비롯한 투기과열지구에서는 1가구 2주택을 금지하고 DSR 30%를 엄격하게 적용한다. 이런 정부의 규제를 피하는 투자법이 바로 숙박시설이다.

건물이 노후돼 리모델링이나 신축이 필요한 건물은 임대수익률이 좋지 않아 대출한도가 낮다. 그래서 단독주택이나 재건축 및 신축 부지보다는 수익형 부동산으로 투자 수요가 몰릴 가능성이 높아지고 있다. 앞으로 수익형 부동산의 가치는 더욱 상승할 것으로 전망된다.

수익형 부동산, 숙박시설

천안 서북구에 있는 상업지역 숙박시설(모텔)로, 경매로 20억 5천만 원에 낙찰받아 운영하다가 32억 원에 매각했다. 대지 504.9㎡(152.7평), 연면적 1,321.38㎡(399.7평), 주차 7~8대(실주차 15~20대), 객실 34개로, 1993년에 신축되고 2002년 증축된 후, 2013년 리모델링 보수가 이뤄졌다. 저축은행 대출 20억 원(이자 6%)을 승계할 수 있고, 임차금(보증금 5억/월 2,200만 원–부가세 포함), 현재 매출 5,500~6,500만 원인데 직접 운영하면 대출을 가정해서 월 평균 3,000만 원일 것이다.

	임대 시 수익률	직영 시 수익률
매매 가격	3,000,000,000원	3,000,000,000원
등기 비용	144,000,000원	144.000,000원
총 투자금	3,144,000,000원	3,144,000,000원
대출금	2,000,000,000원	2,000,000,000원
이자	연 6.5%=130,000,000원	연 6.5%=130,000,000원
보증금	500,000,000원/월 22,000,000원(현재 임차인 내보내고 소유자 직영)	

현금 투자	644,000,000원	1,144,000,000원
월세금	264,000,000원 = 22,000,000원×12개월	
순수익금	264,000,000 원−130,000,000원 =134,000,000원	
수익률	134,000,000원/644,000,000 원=20.8%(월 11,166,666원)	
월매출액		65,000,000원−22,000,000원 (고정지출)−10,833,000원(연이 자)=32,167,000원
연수익		월 32,167,000원 =연 386,000,000 원/1,144,000,000원 =33.7%(월 32,167,000원)
2016년 매입		2,900,000,000원
등기 비용		148,800,000원
평일 요금 (주말 요금) [대실]		− 일반실 40,000원 (50,000~55,000원)[20,000원] − 특실 50,000원 (60,000~65,000원)[25,000원] − 파티룸 80,000원 (120,000~150,000원)[50,000 원] − 성수기 파티룸 300,000원

천안역 주변은 교통의 요충지이며 1호선 수도권 전철의 연결과 서울에서 급행 전철이 운행되는 준수도권이다. 천안역은 구시가

지인 동부 광장과 신시가지인 서부 광장으로 나뉜다. 10년 전 분양받은 상가 시세는 많이 오르지 않았지만 상가 바로 앞에 아파트가 들어서 공사가 진행 중이다. 이런 주변 환경의 변화로 상가 시세가 3억 원 올랐다.

SECTION 06

리스크는 최소화하고 부가가치는 높이는 풍수

풍수에서 물은 돈을 상징한다. 그러나 물이 없어도 물과 같은 풍수의 땅이 있다. 현대 풍수에서는 건물을 감싸안고 있는 도로가 물과 같은 역할을 하기도 한다. 도로에 근접한 땅은 접근이 편리해 가격이 상승하는 요인이 되고, 도로가 감싸는 안쪽은 부가 쌓이는 터가 된다.

물과 명당

지상에서 용과 함께 흐르던 기운은 물을 만나면 정지된다. 즉, 강이나 바다가 있는 지역에서는 물의 형태에 따라 기운이 모이는 위치가 달라진다. 따라서 정확한 지세를 갖춘 곳을 찾아내는 분석이 필요하다.

물은 크기에 따라서 바다, 강, 댐, 호수, 계곡, 밭고랑, 연못 등 여러 종류로 구분된다. 그런데 명당은 바다나 강과 같이 큰 물이 있는 곳에서는 형성되지 않고 개천이나 논두렁, 밭고랑과 같은 작은 물이 있는 곳에서 형성된다. 심지어 실개천과 같은 매우 작은 물이 있는 곳에서도 명당이 형성되기 때문에, 명당은 공기 중에 수분만 있어도 형성된다.

바다는 물의 근원이지만 생기를 발생하지 않는다. 그것은 바닷물이 강한 음기이므로 양기가 힘을 발휘하지 못하기 때문인데, 모든 생기는 양기와 음기가 서로 균형을 이룰 때 발생하며, 양이나 음 한쪽만이 강한 경우에는 생기가 발생하지 않는다.

포구로 둘러싸인 지세는 바다의 기운을 어느 정도 막아주기 때문에 약간의 생기는 형성되지만, 완전한 혈이 형성되기는 어렵다. 바다에 가까운 지역이라고 해도 낮은 산에 둘러싸여 바다가 전혀 보이지 않는 지역에선 오히려 생기가 모인다. 강과 집터 사이에 야트막한 산이 가로막고 있어 강의 기운을 막아주는 지세라면 명당이 형성된다. 한강과 같이 큰 강 주변에 혈이 없다는 사실은 조선 왕조의 왕릉이 강가에 하나도 없다는 사실을 봐도 알 수 있다.

강물이 흐르는 형태는 지세에 의해 직선으로 흐르기도 하고 굽이치며 흐르기도 한다. 그러므로 강물의 흐르는 형태에 따라 명당이 형성되는 위치가 다르다. 직선으로 흐르는 강가 좌우에는 바람이 강하게 불기 때문에 기가 모일 수 없다. 이렇게 흐르는 물은 마치 화살이 급하게 지나가듯 바람도 살풍이어서 지상의 기를 흩어지게 한다. 강물이 내려다보이고 시원한 바람이 부는 지역은 정자를 세워 자연을 바라보는 공간으로 이용하는 것은 좋으나 명당과는 다르다.

풍수에서 이상적인 물의 형태는 궁수(弓水)라고 하여, 마치 활의 둥근 모양이나 굽이쳐 돌아가는 형태로서 곡선 중심의 안쪽을 말한다. 이러한 지세에서는 물이 잔잔하고 지기가 모여 좋은 집터를 이룬다. 곡선 바깥쪽에는 기운이 모이지 않아 좋은 집터가 되지 못한다.

경상북도 안동의 하회마을이 대표적인 경우다. 서울은 한강이 남쪽을 통과할 때는 굽이굽이 돌아 마치 활과 같은 형태를 이루고 있지만, 여의도에서 강화까지는 직선으로 흐른다.

수구와 집터

수구는 막히고 좁은 것이 좋다. 한 지역의 하부에 있는 강이나 개천 등의 물이 흘러가는 지점을 말한다. 이것은 용의 끝과 물이 만나는 지점을 물을 마시는 용의 입으로 본 데서 유래됐다는 주장이 있는가 하면, 청룡과 백호가 명당 전면에서 서로 입을 맞대고 상대방의 물을 먹어 생기를 찾는다는 뜻에서 연유되었다는 주장도 있다. 아무튼 한 지역의 물은 모두 수구를 향해 빠져나가므로, 모두 낮은 지역에 있다.

수구로는 물뿐만 아니라 바람도 빠져나간다. 명당에서는 수구를 통해 물이 빠져나가더라도 바람은 빠져나가지 않아야 한다. 따라서 물이 흘러가는 하류, 즉 수구가 산으로 가로막혀 있는 지세에서는 물이 산을 돌아 나가는 형태를 이루기 때문에 물은 빠져나가지만 바람은 직접 빠져나가지 않는다. 이러한 형태가 곧 막힌 수구다.

수구의 기능은 물탱크의 배수 밸브와 같아서, 열린 곳에는 물이 고이지 못하고 닫혀 있는 곳만 물이 고인다. 사람으로 치면 항문과도 같아서 평상시에는 닫혀서 체내 기운이 외부로 유출되는 것을 방지하고 생명력을 유지시킨다. 이와 같이 지세에 있어서 수구는 생기의 발생과 그 유무에 직접적인 영향을 미친다.

수구가 막힌 지세에서는 생기가 많이 쌓이기 때문에 큰 부자나 훌륭한 인물이 많이 배출된다. 그러나 열린 수구에서는 생기가 전혀 모이지 않기 때문에 건강과 재물, 명예를 잃는다.

수구를 이루는 용은 청룡이나 백호에 관계 없이 반드시 역수해야 한다. 수구를 이루는 용이 역수하면 좁은 수구가 되고, 역수하지 않는다면 넓은 수구인 동시에 산수동거(山水同去, 산과 물이 같은 방향으로 흐른다)가 된다. 산수동거 지세에서는 명당이 이루어지지 않는다. 물의 기운과 산의 기운이 평행을 이루어 음양의 조화를 이루지 못하기 때문이다.

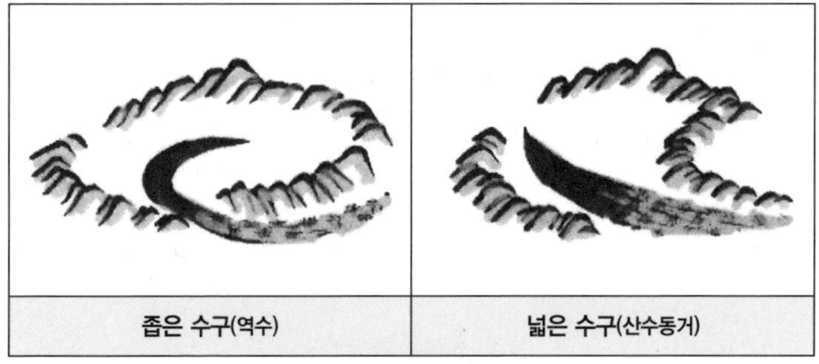

좁은 수구(역수)	넓은 수구(산수동거)

• 수구의 종류[27] •

27 심재열(2020), p. 109.

또 수구를 이루는 용의 역수하는 힘이 클수록 수구에서 기를 모아주는 힘도 커지며, 이에 따라 혈에 발생하는 생기도 더욱 많아진다. 청룡의 끝부분에서 수구가 이루어질 때 청룡이 역수하면 수구가 좁아지고 혈에 생기가 발생한다. 수구 중에서 청룡의 끝과 백호의 끝부분이 서로 한 지점에서 합치거나 겹쳐지면 가장 이상적이다. 수구는 음과 양으로 구분하여 청룡에서 만들어진 수구를 양수구, 백호에서 만들어진 수구를 음수구라고 한다.

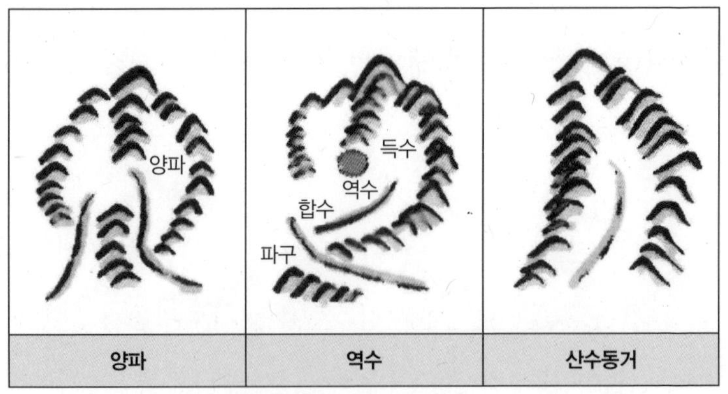

• 물 흐름의 종류[28] •

[28] 심재열(2020), p. 106.

합수 지역에서도 명당이 형성되기 쉽다. 두 개 이상의 강이나 개천물이 하나로 합쳐지면서 기운도 합쳐져서 강해지기 때문이다. 혈은 용과 물의 두 가지 기운이 결합되어 이루어지는 만큼 지세도 반드시 물이 있어야 명당을 이룬다.

내룡의 좌선 또는 우선에 따라 득수 지점이 정해진다. 내룡이 우선일 경우에는 청룡 쪽에 득수가 있어야 명당을 이루고, 내룡이 좌선을 이루면 백호 쪽에 득수가 있어야 명당이 된다. 용이 좌선이나 우선, 좌우 변화를 이루는 경우에도 득수가 한쪽으로 이루어지는 것이 일반적이다. 그러나 용이 직선으로 내려갈 경우에는 물이 좌측과 우측으로 분산되어 흐르는데 이를 양파(兩波)라고 한다. 양파가 있는 지세에서는 가족이나 재물이 흩어진다.

마당에 연못이나 분수, 수영장 등을 둔 집은 풍수 면에서는 좋지 않다. 마당에 있는 많은 물은 수분을 만들고 공기 중에 포함되어 집 안까지 전달된다. 수분은 음기라 공기 중의 양기를 흡수하므로, 집 안에 늘 양기가 부족해진다. 양기가 부족한 집에 살면 남자들이 기운을 잃고, 중풍과 같은 질병을 앓는다. 담장이 높은 주택에서는 연못에서 발생한 수분이 외부로 빠져나가지 못하고 집 안을 습하게 만들기 때문에 더욱 해롭다.

수맥과 집터

지표면 하부에는 위치에 따라 여러 종류의 물이 흐르는데, 이것은 크게 건수(乾水)와 수맥(水脈)으로 구분된다. 건수는 비 등으로 지상에 모인 물이 지하에 스며들어 흐르는 물을 말하며, 수맥은 지하에 지속적으로 흐르는 물이다. 수맥의 위치나 크기, 깊이 등은 일정하지 않다. 그러나 수맥에는 강한 압력으로 물이 흐르고 강한 전파가 발생한다.

수맥은 눈으로는 잘 볼 수 없다. 그래서 집을 짓거나 건물을 지을 때 수맥의 위치와 무관하게 집을 짓는 경우가 대부분이며, 간혹 수맥의 위치를 안다고 해도 인구가 밀집한 도시에서는 무시하곤 한다.

그러나 수맥은 사람에게 상당한 영향을 미친다. 지하에 흐르고 있는 수맥은 콘크리트 구조물에 금이 가게 하는 등 구조적 결함을 초래하며, 수맥 위에서 잠을 자면 수맥의 기운에 의해 중풍을 비롯한 각종 질병을 앓는다. 수맥에 의해 발생된 질병은 현대 의학으로도 규명이 어려워, 잠자리를 바꿔야만 치료가 가능하다. 고층 아파트라도 수맥은 영향을 미쳐서, 1층이든 10층이든 상관없이 수맥이 흐른다.

수맥을 피하는 것이 가장 좋지만, 부득이하다면 건물 기초 공사를 할 때 수맥의 상부 또는 건물 전체 바닥에 동판을 깔아 두면 수맥에 의한 피해를 막을 수 있다.

수맥을 찾는 방법에는 여러 가지가 있는데, 이 중 가장 손쉬운 방법이 버드나무 가지를 이용하는 것이다. 살아 있는 버드나무 가지 중 끝부분이 Y자 형태로 벌어진 것을 골라 양손으로 잡고 걸으면 수맥이 흐르는 부분에서 버드나무가 땅 쪽으로 휘어진다고 한다. 버드나무는 물을 많이 흡수하는 식물로, 물이 있는 곳에 뿌리를 내리고 싶어 하기 때문에 물을 향하는 속성이 있기 때문이다.

한강 주변의 역수와 명당

한국의 지세는 동쪽이 높고 서쪽이 낮아서 대부분의 강물은 서해로 흘러 들어간다. 그러나 서울 시내를 관통하며 흐르는 청계천은 서울의 서쪽에 있는 인왕산에서 시작된 물이 북쪽에 있는 삼청공원의 물과 합류하여 동쪽으로 흘러, 동대문을 지나 한양대학교 앞에서 한강에 합류된 후에야 비로소 서쪽으로 흐른다. 이처럼 청계천이 동쪽의 낙산을 지나 동쪽으로 흐르는 과정이 바로 역수다. 서울의 중심인 경복궁을 기준으로 본다면, 낙산은 좌측에서 우측으로 맥을 연결하고 청계천은 우측에서 시작하여 좌측으로 흐르기 때문에 산과 물의 방향이 반대가 된다. 서울의 지세가 세계적인 명당이 되는 것은 바로 청계천의 역수에 있다.

서울 청계천 7가에는 조선조에 세운 수구문(水口門)이 있다. 수구문은 남산의 끝부분인 신당동과 서울의 중심지를 가로지르며 흐르는 청계천이 만나는 자리인데, 풍수지리적 차원에서 수구문이라는 이름이 붙었다. 수구문은 청계천이 서울의 청룡인 낙산의 끝부분을 빠져나가는 지점과도 일치한다. 그러므로 수구문 주변에 안산과 청룡이 동시에 좁은 수구를 이룸으로써 서울을 명당으로 만드는 것이다.

한남동은 북쪽에 남산이 있고, 남쪽으로 한강이 자리 잡고 있다. 한강은 동쪽에서 서쪽으로 흐르는데, 한강 물이 흘러가는 한남동 서쪽에는 남산에서 서빙고동으로 연결되는 산줄기가 백호를 이루며 한남동을 바라보고 있다. 한남동은 백호가 역수하여 수구를 이루어 만들어진 명당이다. 한남동에 있는 단국대학교 자리와 단국대학교 설립자의 묘소는 대표적인 양택과 음택 명당이다.

또 방배동의 카페 골목은 한강 주변에서 상권이 많이 발달한 곳이다. 한강이 북쪽에 위치하여 동쪽에서 서쪽으로 흐른다. 방배동 전면에서 볼 때, 국립묘지가 있는 산이 한강이 흐르는 방향에서 역수하여 수구를 좁게 만들어 방배동에 생기를 준다. 즉, 방배동은 그 산이 청룡으로 수구를 막아줌으로써 명당이 된 셈이다. 방배동과 비슷한 풍수로는 캐나다 서남부에 위치한 밴쿠버가 있다.

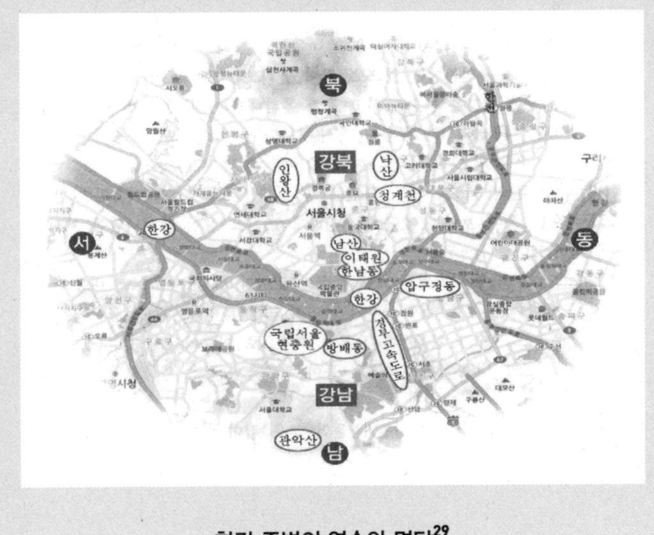

• 한강 주변의 역수와 명당[29] •

29 심재열(2021), p. 64.

실제 사례 운을 높이는 대문 풍수

예로부터 대문이나 현관문은 기운이 출입하는 기운의 입구에 해당하기 때문에 풍수적으로 잘 이용하면 재산과 재물을 유도할 수 있다고 믿었다. 대문의 위치와 방위는 재운의 명맥을 장악한다고 믿었는데, 재물을 불러들이는 간단한 방법은 문 옆에 물을 배치하는 것이다. 아담한 항아리나 도자기 등을 이용해 식물과 함께 물을 배치해놓으면 좋다.

첫째, 행운을 유도하는 물건이나 색상을 배치하기

붉은색으로 현관을 장식하거나 붉은색 담장이나 장식품을 보면 좋은 기운이 가득 찬 느낌을 준다. 집 안에서는 녹색이나 녹색식물이 보이면 풍수적으로 생동하는 느낌을 받고 신선함과 생명력이 솟아난다.

둘째, 대문과 관련한 금기 사항

하나는 대문이나 현관문의 빗장이나 문 가로대가 무겁고 빽빽한 느낌을 받으면 자손에게 불리한 형상이라고 여긴다. 문의 가로대 위쪽에 너무 무거운 장식을 달면 문을 옥죄어 거주하는 사람이 뜻을 얻지 못하고 억압받는 형상이라 하여 풍수에서는 꺼린다.

또 하나는 일명 바실리카 양식이다. 대문이나 현관문의 형태가 아치 또는 돔형이면 묘비를 연상하게 하므로 양택 풍수에서는 매우 불길하다고 여긴다.

셋째, 문제를 개선하기

대문에 문제가 있으면 되도록 빨리 개선해야 재운이 좋아진다. 문 앞에 쓰레기나 지저분한 물건을 놓지 않아야 한다. 대문이 도로와 곧바로 마주치면 극하고 충하는 형상인데, 위치상 어쩔 수 없을 때는 집 앞에 나무를 심거나 태산석(泰山石), 즉 일종의 수호석을 설치하여 충살을 해소할 수 있다.

또 사당이나 묘당을 마주하고 있거나 사찰이 있으면 전통적으로 운기에 문제가 있다고 믿었다. 현대에 들어서는 고압 전탑을 마주하면 심신에 좋지 않은 영향을 가져다주기 때문에 이를 피하는 것이 좋다. 대문 앞에 고목이 있으면 운세가 불순할 뿐만 아니라 재액과 질병이 발생하기 쉽다고 보기 때문에 옮기거나 제거하는 것이 좋다.

그 밖에도 대문이 타인의 집 모서리와 마주하면 충하고 극하는 상이 되어 불리하다. 첨예한 힘의 작용을 꺼리기 때문인데, 매일 문을 열 때 살기를 마주하는 것과 같다고 하여 뜻밖의 재액이나 사고를 당할 수 있다고 여긴다. 대문이 안팎 두 곳으로 나 있으면 안팎이 같은 방향으로 되어 있어야 하는데 그렇지 않으면 서로 배반하는 형상이 되어 불화한다고 본다.

단독 주택의 경우 대문이 너무 가깝거나 흐르는 물의 방향과 같이 있으면 재물이 줄어든다고 하여 불길하다. 바깥 대문과 주택의 옥내문이 일직선으로 연결되어 있으면 재물이 고갈되고 기운이 모이지 않는다. 이럴 때는 병풍이나 옷장, 큰 궤짝으로 사이를 막으면 보완할 수 있다. 풍수에서는 문이 너무 높으면 좋지 않다고 보는데, 범죄에 연루되는 재화가 발생하기 때문이다. 대문 안쪽 면에 그림이나 사진을 걸면 기운의 출입에 장애를 준다고 한다.

성공적인 부동산 투자 풍수지리 컨설팅

SECTION 01

건강을 돌보는 부동산 투자

수명을 단축하는 흉지

조상 묘를 잘못 쓰면 그 집안 후손들이 대를 이어가며 치명적인 해를 입는다는 이야기는 영화가 아닌 실제에서 흔히 듣고 볼 수 있다.

영화배우 K 부자의 가족 납골묘가 그중 하나로 꼽힌다. 탄탄한 연기 실력으로 한국 영화계에서 원로배우로 대접받던 아버지는 고향인 충청도 땅에 가족 납골묘를 조성한 다음 조부모와 부모의 유해를 한자리에 모셨다. 이후 K는 60대 초반 나이에 폐질환으로 사망하고 그 부인도 10년 뒤에 작고했다. 아버지의 뒤를 이어 배우로서 인기를 얻었던 아들은 가족 납골묘에 부모를 함께 모셨다. 그 후 아들이 갑작스러운 교통사고로 세상을 떠나 안타까움을 샀다. 풍수 전문가들은 선조의 유해를 한꺼번에 흉지에 모신 결과 K 부자가 돌이킬 수 없는 피해를 입었다고 해석했다.

국민 MC로 인기를 끌었던 H 역시 비슷한 경우다. 예능 프로그램의 MC로 유명세를 얻은 H는 춘천의 공원묘지에 가족 납골묘를 조성해 부모의 유해를 모신 후 70대 초반의 나이에 세상을 떠났다. 춘천에서 풍수업을 하는 손건웅은 "흉지에 해당하는 가족 납골묘에 부친 유해를 모신 지 4년 만에 암을 진단받았고, 모친의 유해를 이곳에 합장한 후 1년도 지나지 않아 동티가 난 것"이라고 주장했다.

두 사례는 화장한 유골이라고 해도 동기감응(同氣感應)의 원리가 작동해 후손에게 영향을 미칠 수 있음을 보여준다. 풍수사들 사이에서는 화장한 유해가 무해무득한지, 동기감응한지를 두고 논쟁이 벌어지기도 했다.

건강엔 묘보다 집터가 우선

그런데 양택 풍수론에서는 산 사람의 건강 문제는 조상 묘보다 거주하는 집의 영향을 더 크게 받을 수 있다고 해석한다. 암 환자가 발생한 집은 대개 침실 등이 유해한 기운에 노출돼 있었다는 연구 보고가 이에 해당한다. 실제로 집터가 수맥파 또는 교란된 지자기 등 유해한 기운에 노출될 경우 인체 면역력이 현격히 떨어져 중증 질환자가 발생하는 확률이 매우 높다는 임상 사례가 세계 곳곳에서 보고되고 있다.

사실 동양에서는 오래전부터 양택 풍수를 중요하게 다뤘다. 5세기경의 저작으로 추정되는 중국 풍수 서적 《황제택경》에는 조상의 묘가 흉지에 있어도 자손이 좋은 기운이 서린 집에 살면 건강하고 밥을 먹고살 정도는 된다고 했다. 조상과 자손의 유전적 인연 고리보다 자손이 현재 사는 집에서 받는 터의 기운이 현실적으로 더 크게 작동한다는 것이다.

길지에 지어진 집에 살면 일이 잘 풀린다는 얘기는 거꾸로 흉지에 있는 집에 살면 그렇지 못하다는 뜻이 된다. 집터가 사람의 목숨까지 앗아간 사례도 있다. 이는 권력층이 모여 사는 양반촌이나 부자들이 사는 부자촌이라고 해서 예외는 아니다.

조선시대 이후 지금까지도 부자들이 산다는 서울 북촌에도 나쁜 터가 있다. 경복궁과 창덕궁을 좌우로 두고 있는 종로구 북촌 한옥마을에는 기업 오너 일가를 비롯해 부유층과 예술인이 많이 모여 산다. 이곳에는 북촌 토박이들끼리만 아는 유령 집이 있다. 현재는 2층짜리 벽돌 건물이 들어서 있는데, 과거에는 개량 한옥이 자리하던 곳이다.

이 집에 이사 온 젊은 부부가 있었는데 온 동네에 소문이 자자할 정도로 부부싸움이 잦았다고 한다. 그러던 어느 날 아내가 집에서 살해되었다. 경찰 수사 결과, 남편이 완전 범죄를 꾸몄던 것으로 밝혀져 세상을 떠들썩하게 했다. 이 사건이 일어난 후, 당시 동네 통장이던 할머니가 집터와 관련된 흉흉한 이야기에도 흔들리지 않고 싼값에 집을 구매했다. 할머니는 장남에게 이 집을 물려줬는데, 철로 전기 관리를 하던 장남은 얼마 지나지 않아 전기 사고로 생을 마감했다. 두 건의 사망 사고가 발생하자 마을 사람들은 집터의 저주라고 생각해 유령 집이라고 부르게 됐다.

현재는 가게로 바뀌어 사람이 거주하지 않아 직접적인 인명 피해는 없지만, 여전히 가게 터에서는 나쁜 기운이 느껴진다. 살인 사건이 발생한 집터에서는 살기 등 나쁜 기운을 풍기는 경우가 많다. 유령 집 인근에는 대기업 회장 소유의 집도 있는데, 오너 2세인 회장은 이곳에 거주하면서 횡령과 도박 등으로 감옥살이를 하는 등 편안하지 않았다. 그가 사는 집터의 기운의 탓도 있다는 게 풍수계 일각의 지적이다.

동물이 가려내는 명당

사람이 살기에 좋은 터는 과연 어떤 곳일까? 풍수학의 바이블이라 할 수 있는 《금낭경》에는 "온전한 기운이 있는 땅은 초목이 울창하고 무성하다"라고 쓰여 있다. 초목이 잘 자라는 환경은 좋은 땅이며, 생기가 왕성한 공간이라고 볼 수 있다는 뜻이다.

초목만이 아니라 동물이나 짐승도 생기 터를 본능적으로 가려낼 줄 안다. 〈흥부와 놀부〉에 등장하는 제비가 좋은 사례다. 사실 제비는 아무 데나 둥지를 짓지 않는다. 새끼를 안전하고 건강하게 키울 수 있는, 생기가 맺힌 곳에 둥지를 마련하기 때문이다.

판소리 〈흥보가〉에 의하면 심보 고약한 형인 놀보의 집에서 쫓겨난 흥보는 극도로 궁핍한 생활을 하다가 불쑥 나타난 시주승이 골라준 집터에 움막을 짓고 산다. 시주승은 배산임수를 이룬 터에서 살면 가세가 속히 일어나 자손 대대로 번성할 것이라는 말을 남긴다. 이듬해 봄에 강남에서 날아온 제비가 흥보의 움막에 찾아온다. 흥보는 튼튼하게 잘 지은 부잣집을 마다하고 자신의 허름한 집 처마에 둥지를 튼 제비 부부를 반갑게 맞이한다. 제비가 흥보의 집으로 날아들었다는 것은 그 집이 풍요로움을 선사하는 생기 터임을 의미한다. 그리고 흥보는 제비의 보은으로 가난에서 벗어난다. 〈흥보가〉는 겉으로는 권선징악을 내세우는 듯하지만, 사실상 명당 풍수 이야기를 하고 있는 셈이다.

짐승도 좋은 기운을 알아채고 그 혜택을 누리며 사는데, 현대인은 오히려 자연의 기운에 역행하는 삶을 살고 있는 듯하다. 의학과 과학이 갈수록 진화하고 있지만, 자연의 기운에는 미치지 못한다.

트리마제

최근 MBN 뉴스에서 '재화가 모이는 명당 중의 명당, 풍수 명당에 관심 확산'이라는 제목으로 명당의 서울 아파트에 관한 이야기를 다룬 적이 있을 만큼 풍수 명당과 집값은 관계가 있다.

두산중공업이 서울숲 바로 옆에 있는 한강변에 조성 중인 최고급 아파트 트리마제는 풍수가 좋은 곳으로 알려져 있다. 득수국(得水局)으로 재물을 관리한다는 수관재물(水管財物)의 재화를 취득하는 터라고 한다. 또 건물의 가상(형태)은 타워형으로 부의 상징인 부봉사와 맥을 같이하여 명당에 부를 품고 있다고 볼 수 있다. 이 단지는 초고층 47층 아파트 4개 동에 688가구 규모로 구성됐으며, 풍수 및 입지적 장점이 부각되면서 모델하우스가 오픈하기 전부터 수요자의 문의가 줄을 잇고 있다.

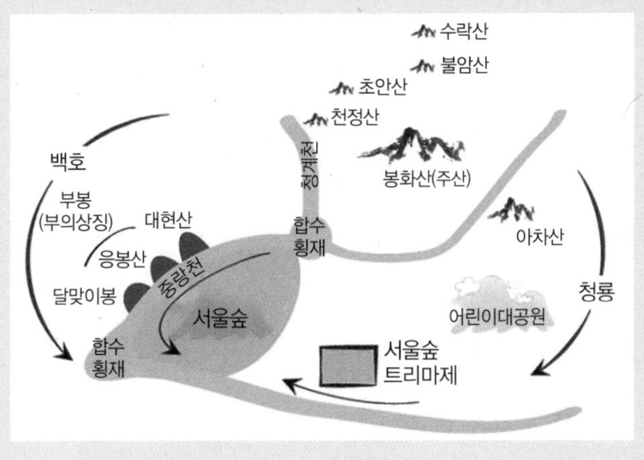

서울시 성동구 성수동 일대에 2005년 조성된 서울숲은 트리마제를 명당 중의 명당으로 만드는 역할을 한다. 지대가 높은 서울숲이 내부의 생기가 외부로 빠지는 것을 방지하는 보호숲 역할을 하며, 수구로 물은 빠져나가더라도 바람은 빠져나가지 않도록 하는 장풍과 수구막이 기능을 하기 때문이다.

대기업 풍수 자문으로 유명한 동국대학교 심재열 교수는 "백호의 대현산, 응봉산, 달맞이봉 등 연속된 세 곳의 부봉사들이 트리마제 아파트를 비추며 환포하고 있다. 산과 물 그리고 서울숲이 어우러져 조화를 이루고 횡재로 재화를 창출하고 축적하는 부의 발복지로 명당 중의 명당이다"라고 전했다.

부산 남구 문현동 일대에 조성 중인 국제금융센터는 거북 꼬리 형상을 나타내는 귀미형(龜尾形)의 명당이라고 한다. 풍수지리에서 거북은 기를 상생시키는 영물로, 부산금융센터 땅에서 토 기운을 발동시켜 오행의 기를 합치는 역할을 한다. 거북 꼬리는 오행의 정기가 드러나는 곳으로 부귀영화를 가져오는데, 국제금융센터가 횡령산을 향해 올라가는 거북의 꼬리에 해당되어 명당이라고 한다. 이와 마찬가지로 트리마제 아파트도 거북 꼬리 형상의 명당이다.

SECTION 02

좋지만은 않은 한강 뷰

최근 연예인들이 부동산 투자로 수십억의 수익을 얻었다는 기사가 종종 보인다. 한강 뷰 아파트로 이사한 후 일이 술술 풀렸다고 말하는 사람도 있다. 이렇듯 투자 가치가 높은 이유는 풍수지리와도 연관이 있다. 그렇다면 풍수지리로 본 한강 뷰 아파트는 정말 좋을까?

대한풍수지리학회 지종학 이사장은 풍수지리가 실생활에 어떻게 적용되는지 사례를 들어 설명한다. "단순하게는 남향, 동향을 따지고 잠자리와 베개 방향까지 고민하는 게 전통적인 풍수지리"라며 남향이나 동향만큼 중요한 게 채광, 위치, 층수라고 말한다. "집 안에서 보이는 경치가 좋은 건 긍정적인 요소다. 멀리까지 앞산이 보이는 건 분명 바람직한 현상이지만 바다가 보이는 경우엔 주의해야 한다. 바다는 뷰는 좋지만 풍수지리적으로는 별로 좋지 못하다."

바다 뷰가 풍수지리학적으로 좋지 못하다고 하는 이유는 바로 바람 때문이다. 지종학 이사장은 "탁 트인 곳은 바람이 많이 불기 때문에 아무리 뷰가 좋아도 앞산이 가려주거나 다른 건물이 가려서 직접적으로 바람이 부는 걸 막아주는 게 좋다"라고 덧붙였다.

풍수지리에서 바람을 중요하게 여기는 이유는 인생에 풍파가 닥칠 수 있다고 해석되기 때문이다. "한강 뷰 아파트도 마찬가지다. 부동산적인 측면에서 보면 한강 뷰 아파트가 굉장히 좋다. 전망도 아름답고 탁 트여 있다. 하지만 풍수적으로 볼 땐 강변은 바람이 심하기 때문에 풍파가 많다고 본다. 많은 사람의 로망이기는 하지만, 의뢰인들에게는 직접적으로 한강 뷰가 보이는 곳은 권유하지 않는다."

이어서 "잘못 이사 갔다간 소탐대실이 될 수도 있다. 뷰가 좋지만 그만큼 바람이 세기 때문에 풍파가 닥칠 수도 있다"라며 "여기서 풍파란 질병, 여러 가지 우환 등이 될 수 있다"라고 설명했다.

한편 국내 부동산 시장에서 배산임수 명당으로 꼽히는 고급 주택은 더욱 높은 가격대를 형성하고 있다. 대표적으로 서울시 용산구 한남동에 위치한 한남더힐은 2024년 5월 3.3㎡당 8,305만 원을 기록하면서 슈퍼 리치의 선택을 받았다. 한남더힐이 자리한 한남동은 풍수지리적으로 재물을 뜻하는 물이 흘러들어와 모이는 곳으로 해석된다. 특히 거북이 등처럼 둥글게 생긴 남산의 품에 안긴 형태로 평가돼 영구음수형 명당으로 꼽힌다.

진주 부자마을

예부터 경상남도 진주는 물자가 풍부해서 문화와 교육이 발달했다. 안동에서는 정승이 두 명 배출된 반면, 진주에서는 정승을 열 명 이상 배출했을 정도다. 현대에 들어서는 한국의 경제를 좌지우지하는 굴지의 재벌을 배출한 도시이기도 하다. 이 재벌들이 같은 마을에서 자라 한 학교에서 동문수학했다는 사실은 진주의 풍수와 지기가 좋다는 증거이기도 하다.

600여 년 전부터 허씨 집성촌이었던 승산마을은 300년 전 허씨 일가에서 능성 구씨를 사위로 맞으면서 허씨와 구씨 일가가 대대로 사돈을 맺으며 함께 살았다. 마을에는 수십 채의 기와집이 모여 있어 고즈넉하고 고풍스러운 분위기를 풍긴다. 사방이 산으로 둘러싸여 있어 아늑한 느낌마저 든다. 실제로 풍수지리적으로 물이 남쪽에서 북쪽으로 흐르는 역수여서 물이 나가는 곳이 보이지 않아 재물이 모이고, 양 날개를 펼친 학 모양의 방어산이 이 마을을 가리키고 있어 부자의 기가 있다.

구한말에는 이 마을에 만석꾼이 둘이나 있었고, 오천석꾼과 천석꾼도 여러 명 살았을 정도로 부유한 마을이었다. 부자의 기운은 후세에도 이어져서, 이름만 들어도 알 만한 그룹 총수가 서로 이웃하며 살았다. LG 창업주인 구인회 회장을 비롯해 LIG 구자원 회장, 쿠쿠전자 구자신 회장, GS 창업주인 허준구 회장과 그의 아들인 허창수 현 회장, 알토전기 허승효 회장, 삼양통상 허정구 전 회장 등 대한민국의 산업화를 일군 기업가들이 이 마을 출신이다.

이렇듯 풍수와 지기가 좋은 곳에서는 훌륭한 인물이 나고 자손이 번성하며 재물이 모인다는 것을 알 수 있다.

SECTION 03

주택과 대문의 방위

8방위	24방위	집안 구성원 위치	오행
감(북)	임자계	중남(차남)	수
간(동북)	축간인	소남(3남 이하)	토
진(동)	갑묘을	장남	목
손(동남)	진손사	장녀	목
이(남)	병오정	중녀(차녀)	화
곤(남서)	미곤신	노모	토
태(서)	경유신	소녀(3녀 이하)	금
건(북서)	술건해	노부	금

• 8방위와 집안 구성원의 위치 •

기본적인 입지 조건 따지기

집터의 위치가 가장 중요하므로 천기와 지기를 받을 수 있는지 기본적 입지 조건을 살핀다. 다음으로는 대지의 모습, 가상(家相), 마당의 형태 등을 점검하고, 최종적으로는 동서 사택론에 의해 복가와 흉가를 판별한다.

동서 사택론에 따르면 주택은 동사택(東四宅)과 서사택(西四宅)으로 나뉜다. 동사택은 동기(東氣), 서사택은 서기(西氣)가 흐르는 집이한다. 마당 중심에서 주택의 중심점을 방위로 측정해, 중심 부분이 동기인지 서기인지로 구분한다. 동기가 흐르는 방위는 8방위 중 정동, 남동, 정남, 정북, 서기가 흐르는 방위는 정서, 남서, 북서, 북동이다. 패철의 24방위로 볼 때는 동사택의 방위는 정동이 갑묘을, 동남은 진손사, 정남은 병오정, 정북은 임자계다. 서사택의 방위로는 정서가 경유신, 남서는 미곤신, 북서는 술건해, 북동은 축간인이다.

동기는 상승하는 기운, 서기는 하강하는 기운을 갖고 있어 그 성질이 정반대다. 그래서 멀리 떨어져 있어야 좋다. 이것은 인체 혈관에서 동맥과 정맥이 구분되는 것과 같다. 만일 동맥과 정맥이 서로 혼합되어 흐른다면 생명에 지장이 있을 것이다. 마찬가지로 동기와 서기가 한 주택 안에서 같이 흐르면 그 집안에 좋지 못한 일이 발생한다. 따라서 주택 중심부에는 동기든 서기든 한 가지 기운만 모여 있는 것이 좋다. 동기와 서기가 혼합되면 기운이 탁해져 흉가가 된다.

예를 들어, 마당에서 봤을 때 주택이 북쪽에 위치해서 남쪽을 향하고 있으면 건물 중심은 임자계로 동사택이다. 만일 건물 형태가 장방향이어서 임자계와 축간인의 방위가 서로 비슷하게 되어 있으면 동기와 서기가 혼합되어 흉가가 된다.

마당이 있다면 마당에서 패철을 보아 집의 기두점(起頭點)과 대문의 방위가 적절한지 살피고, 마당이 없는 경우에는 구조의 중심에서 현관, 안방, 부엌이 서로 상생의 위치에 있는지 살핀다. 사무실과 상가의 경우는 출입문과 주인의 책상 위치를 기준으로 한다.

그러나 단독주택은 중심점을 측정자에 따라 달리 판단할 수 있다. 물론 집의 무게중심이 되는 가장 넓고 높은 곳을 기두점으로 정한다는 기준은 있지만, 집의 형태가 천차만별이기 때문이다. 그뿐 아니라 마당이 있는 경우 어느 지점에서 방위를 측정하는지에 따라 오차가 생기기도 한다.

방위에 따른 주택의 길흉[30]

주택의 출입구나 창문과 같은 개구부는 외부 공기와 빛을 받아들이는 통로의 역할을 한다. 예를 들어, 남쪽에 바다가 있는 지세라면 남쪽의 창문은 뜨거운 태양 빛과 바다의 기운을 동시에 받아들이며, 서쪽에 산이 있는 지세라면 서향의 개구부는 산의 기운과 서풍을 동시에 받아들인다. 이처럼 주택은 개구부가 면한 방위에 따라 내부 공기의 성질이 달라진다. 따라서 동일한 면적의 주택이라도 배치된 방위의 기운에 의해 실내 분위기가 달라지며, 그 집에 사는 사람들에게 미치는 정신적, 육체적 영향도 달라진다.

주택의 방위를 보는 것은 좌향을 구분하기 위한 것도 있지만, 좌향에 의한 기운을 분석해 주택의 길흉을 알아보기 위해서다. 외부 방위를 측정하기도 하고, 내부 방위를 측정하기도 한다. 일반적으로 주택 방위라고 하면 외부 방위를 말하는데, 마당의 중심점에서 건물과 대문 등 건물 방위를 측정한다. 내부 방위는 안방이나 화장실, 현관, 부엌 등이 배치된 방위에 의한 기운을

---

30 박시익(1999), p. 232~248.

해석하는 것으로, 주택 내부의 중심점에서 각 방의 방위를 측정한다. 그러나 주택의 방위에 의한 기운을 정확하게 분석하기 위해서는 외부와 내부 방위를 함께 봐야 한다.

대문의 방위도 주택이 자리한 방위만큼 중요하다. 대문은 대기 중의 바람을 집 안팎으로 들여보내는 중요한 역할을 한다. 대문으로 좋은 바람이 들어오면 그 집에 좋은 기운이 흐르고, 나쁜 바람이 들어오면 좋지 않은 기운이 흐른다. 대문의 방위도 주택 방위를 볼 때와 같이 마당 중심에서 대문이 있는 곳을 패철로 측정하는데, 대문 위치가 동기에 있으면 동사택, 서기에 있으면 서사택이다. 건물이 동사택인 경우에는 대문도 동사택인 것이 좋고, 서사택인 주택에는 대문도 서사택인 것이 좋다. 그러나 건물과 대문이 서로 다른 사택의 기운일 경우에는 좋지 못하다.

주택 방위의 음양 조화

지표면에 흐르는 기운은 음과 양으로 구분되기도 한다. 음은 남동(진손사), 정남(병오정), 남서(미곤신), 정서(경유신)로 여성을 의미하고, 양은 북서(술건해), 정북(임자계), 북동(축간인), 정동(갑묘을)으로 남성을 의미한다. 음양의 4개 방위는 제각각 기운의 젊음과 노쇠함으로 구분하여, 음인 남동은 장녀, 정남은 중녀, 남서는 노모, 정서는 소녀의 방위로 구분되고, 양인 북서는 노부, 정북은 중남, 북동은 소남, 정동은 장남을 가리킨다.

주택 마당의 중심점에서 보아 건물의 방위가 남성 방위인 정북, 북동, 정동에 있을 때는 주택 내부에 남성의 기운이 흐르고, 반대로 정남, 정서, 남동이면 여성의 기운을 갖는다. 대문도 마찬가지로 적용된다.

건물은 장기적으로 머물러 있어서 주인과 같고 대문은 외부로부터 들어오는 손님과 같은 관계다. 일반적으로 음양 이론에서 음양은 서로 결합하기를 좋아한다. 마찬가지로 주택의 기운이 남성의 기운일 경우에는 대문으로 여성의 기운이 들어오면 행운이 따르고, 같은 남성 기운이라면 서로 배척하여 좋지 못하다.

예컨대 건물 중심이 정북, 즉 임자계 방위에 있고 대문이 정남, 즉 병오정 방위에 있을 경우에는 건물이 중남으로 남성 기운이며, 대문은 중녀로 여성 기운이다. 이 경우에는 남성과 여성이 서로 좋아하는 관계이므로 생기를 만들어 좋은 집이 된다.

그러나 동일한 임자계에 건물에 있어서 대문의 방위가 북서, 즉 술건해 방위에 있는 경우에 대문은 노부의 기운이며, 건물은 중남의 남성 기운으로 건물과 대문이 서로 배척하는 관계가 된다.

건물과 대문이 남성·여성의 기운을 갖고 서로 어울려 생기를 이룰 때는 남성 아닌 여성의 늙고 젊음은 전혀 구애받지 않는다. 건물이 축간인인 소남 방위이고 대문이 미곤신의 노모 방위이면 소남과 노모가 서로 어울려서 생기를 이루는 좋은 공간이 된다. 또 건물과 대문이 중남과 중녀(또는 중녀와 중남)일 경우에는 음양의 결합이 급히 발생한다. 그러나 북서의 노부 방위와 남서의 노모 방위 사이에는 서로 행복한 공간을 이루며 음양의 결합이 천천히 이루어진다.

주택과 대문의 방위는 서로 상생을 이루는 것이 좋다. 주택이 정북에 있고 대문이 정동에 있으면 건물은 오행상 수의 기운을 받기 때문에, 대문은 오행상 목의 기운을 받는 것이 좋다. 그러나 같은 주택이라도 대문이 남서쪽에 있으면 토에 해당하여 상극으로 좋지 못하다.

SECTION 04

주택 내부 방위

주택의 내부 공간의 방위는 거주하는 사람들에게 영향을 미친다. 같은 규모의 주택에서도 방이 배치된 방향에 따라 발전 정도에 차이가 있고, 즐거움과 슬픔이 갈린다. 이렇듯 같은 집에서도 그 영향이 제각각 다른 것은 실내에 들어오는 기운과 내부 공간의 중심 기운이 서로 조화를 이루는지 여부에 따라 달라지기 때문이다. 따라서 현관을 통해 집 안으로 들어오는 기운과 집 내부의 기운이 조화를 이루면 집 안에 생기가 돌 것이고, 그렇지 않으면 불행한 일을 겪는다.

실내 공간에서 기운이 가장 많이 모이는 곳을 기두(氣頭)라고 하는데, 이 기두는 가장 넓고 높으며, 또 가장 중심적인 공간이 되어야 한다. 또 안방, 거실, 부엌, 현관, 화장실 등 5개 공간을 주택의 5주(柱)라고 하는데, 집 안의 기운을 구성하는 중요한 공간이다.

5주는 기운의 성질에 의해 4합(合) 1부(否)로 구분되는데, 4합은 불을 사용하는 공간, 즉 따뜻한 기운을 갖고 있는 안방, 거실, 부엌, 현관이고 1부는 물을 사용하는 화장실이다. 4합의 공간과 1부의 공간은 서로 그 기운이 달라야 한다. 따라서 4합이 동기를 갖고 있으면 1부는 서기를 갖고 있어야 하고, 반대로 4합이 서기를 갖고 있다면 1부는 동기를 갖고 있어야 한다. 집 안의 기두와 4합이 동기나 서기 중에서 하나의 기운이 되면 평화로운 공간을 이룬다. 그러나 1부인 화장실의 기운이 기두와 같으면 좋지 않다.

주택의 방위에 대한 전체적인 평가는 동사택, 서사택의 기운, 음양의 기운, 오행의 기운 등 세 가지 기운을 모두 종합하여 이루어진다. 각각의 분석의 비중을 보면, 가장 이상적인 방위를 100으로 했을 때 동사택, 서사택의 기운을 60, 음양의 기운을 20, 오행의 기운을 20으로 본다. 가장 이상적인 주택의 방위는 건물과 대문이 동사택이나 서사택 중 한 가지 기운으로 이루어져 있고, 건물과 대문은 음과 양으로 조화를 이루며, 건물과 대문의 방위가 오행상 상생 관계인 것이다. 이상적인 배치로는 남향 집과 동남향 대문을 들 수 있다. 이처럼 이상적인 방위 배치

| 이귀문 방위 |

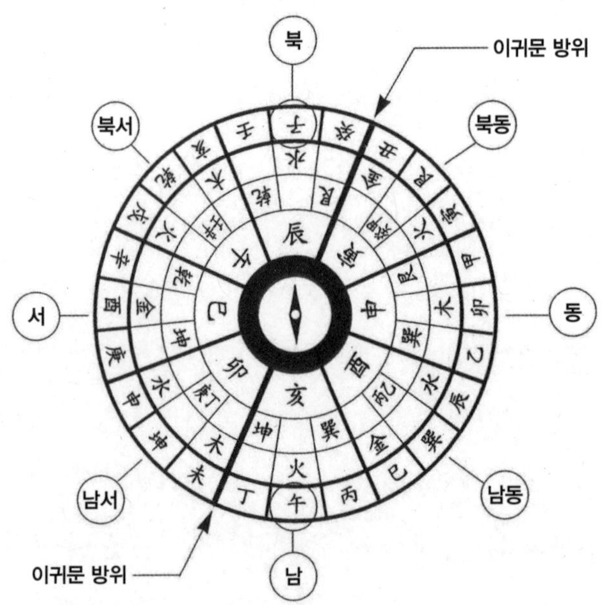

| 이귀문 방위 배치 |

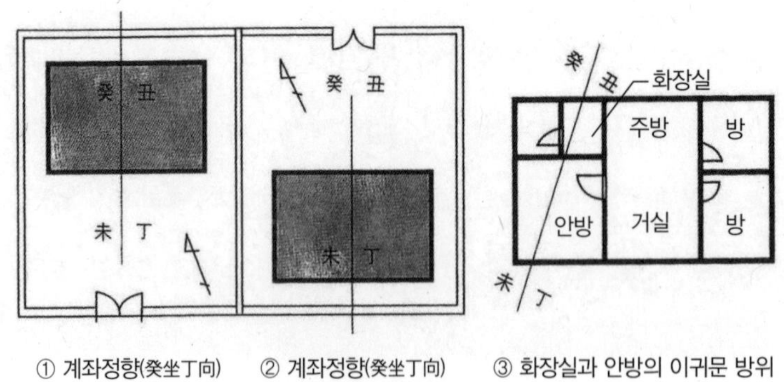

① 계좌정향(癸坐丁向) ② 계좌정향(癸坐丁向) ③ 화장실과 안방의 이귀문 방위

• 이귀문 방위와 배치[31] •

는 8개의 방위마다 하나씩 있다.

주택 방위 중에서 반드시 피해야 할 방위가 이귀문(裏鬼門)이다. 이 방위는 말 그대로 귀신이 출입하는 흉한 방위로서, 동북과 남서를 연결하는 대각선 방위, 정확하게 구분하면 패철상에서 계축의 중심과 정미의 중심을 연결하는 방위를 말한다.

방위상으로 계와 축은 동기와 서기의 한계선이다. 임자계까지는 동기가 흐르는 동사택의 방위이며, 축간인은 서기가 흐르는 서사택의 방위다. 또 정 방위는 병오정의 동기가 흐르는 동사택의 마지막 방위이며, 미부터는 서기가 흐르는 서사택 방위다. 동기와 서기는 서로 화합하지 않는 기운이므로, 흉한 방위가 되는 것이다.

한편, 이귀문 방위는 서로 상극 관계를 이룬다. 계는 오행상 수인 반면, 축은 오행상 흙의 방위로 서로 상극이다. 이처럼 두 상극이 혼합된 공간은 좋지 않다. 그러므로 계축과 정미를 연결하는 이귀문 방위나, 이 방위에 인접해 있는 축좌미향, 계좌정향 또는 미좌축향, 정좌계향도 위험하므로 피하는 것이 좋다. 이귀문 방위를 피하기 위해서는 주택이나 건물의 중심축을 이

31 박시익(1999), p. 283.

귀문 방위에 두지 말아야 하며, 안방과 화장실을 이귀문의 직선 상에 두지 말아야 한다. 그러나 요즘의 수세식 화장실은 크게 문제되지 않는다.

방위에 따른 길흉 분석

1. 남향 주택의 길흉 분석표

주택	1 2 3 4 5 6 7 8 N 배치도	1	남향 주택	
		구분	동서 사택	동사택
			음양	양(중남)
			오행	수

대문	번호	대문 위치	해 석	평점
	1	북	집안이 화평하며 자손과 재물이 늘어난다.	70
	2	북동	건강과 재산을 모두 잃는다.식구 사이에 불화가 발생하면 불의의 사고로 생명을 잃기도 한다.	0
	3	동	집안 사람이 건강하며 발전한다. 착하고 의로운 사람이 배출된다. 남녀 모두 좋다.	80
	4	남동	집안 식구가 모두 건강하며 부자가 되고 출세한다. 가장 이상적인 주택이다.	100
	5	남	덕행과 학식이 높고 건강과 재물이 늘어난다. 아들과 손자가 효성스럽다.	80
	6	남서	건강과 재산을 잃는다.	20
	7	서	식구끼리 불신하며 그에 따라 다른 집 식구가 불편해진다.	40
	8	북서	건강과 재산을 잃는다.	20

2. 남서향 주택의 길흉 분석표

주택	배치도 (1, 2, 3, 4, 5, 6, 7, 8, N)	2	남서향 주택	
		구분	동서 사택	서사택
			음양	양(소남)
			오행	토

대문	번호	대문 위치	해 석	평점
	1	북	건강을 잃으며 심지어 생명까지 위험하다.	0
	2	북동	매사가 순조롭다. 남성의 주장이 강하다.	70
	3	동	건강과 재산을 모두 잃는다. 남성 사이에 싸움이 일어난다. 사람이 죽기도 한다.	0
	4	남동	건강과 재산이 모두 빈약하다.	20
	5	남	초년에는 좋은 듯하나 시간이 가면서 불화가 발생한다. 여성의 문제가 발생한다.	40
	6	남서	집안이 번창한다. 남녀 모두 건강하다.	90
	7	서	남녀 모두 훌륭하게 출세한다. 건강과 재산이 풍족해진다. 서사택 중에서 가장 이상적인 구조다.	100
	8	북서	건강을 얻고 재물이 늘어난다.	80

3. 서향 주택의 길흉 분석표

주택	배치도 (1 2 3 4 5 6 7 8, N)	3	서향 주택	
		구분	동서 사택	동사택
			음양	양(장남)
			오행	목

대문	번호	대문 위치	해 석	평점
	1	북	경사스러운 일이 많다. 승진이 잘되고 출세가 빠르다.	80
	2	북동	건강을 잃는다. 집안에 불화가 일어나고 아내가 고생한다.	0
	3	동	부귀가 겸전한다.	70
	4	남동	재산이 크게 일어나고 기운이 크게 빛난다.	90
	5	남	건강과 재산이 모두 크게 발전한다. 식구끼리 화목하며 효자가 나온다.	100
	6	남서	모자 관계가 특히 나쁘며, 불화가 계속된다.	20
	7	서	건강과 재산이 모두 나간다.	20
	8	북서	흉사가 발생하여 인명과 재산을 잃어버린다.	0

4. 북서향 주택의 길흉 분석표

주택	배치도 (1 2 3 4 5 6 7 8, N)	4	북서향 주택	
		구분	동서 사택	동사택
			음양	음(장녀)
			오행	목

대문	번호	대문 위치	해 석	평점
	1	북	건강과 부귀를 겸한 최고의 주택이다.	100
	2	북동	각종 질병에 시달린다. 단명한다.	20
	3	동	가난하던 살림이 갑자기 일어난다. 집안이 건강과 부귀를 갖춘다.	90
	4	남동	재산과 건강이 안정을 이루며 발전을 거듭한다.	70
	5	남	남녀가 모두 현명하게 부귀를 겸비한다.	80
	6	남서	건강을 잃으며 심지어는 목숨까지 위험하다. 사업에 실패한다.	0
	7	서	집안에 불화가 항상 따라다니며 질병으로 건강을 잃고 목숨도 위태롭다.	0
	8	북서	사업에 실패하고 재산상의 손해를 본다. 소송 사건에 불리하다	20

5. 북향 주택의 길흉 분석표

주택		5	북향 주택	
	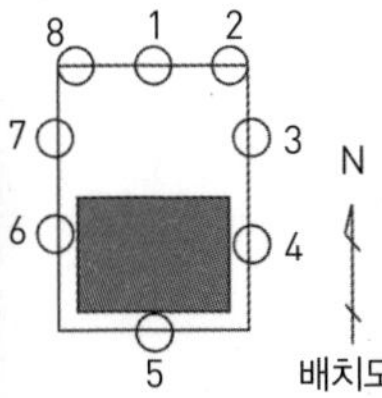 배치도	구분	동서 사택	동사택
			음양	음(중녀)
			오행	화

대문	번호	대문 위치	해 석	평점
	1	북	가정이 화목하며 재산이 늘어난다. 건강과 출세가 저절로 이루어진다.	80
	2	북동	건강을 잃고 재산도 손해를 본다.	40
	3	동	아들이 모두 출세한다. 집안이 화목하고 부귀가 항상 따라다닌다.	100
	4	남동	건강과 재산이 점차 일어난다.	80
	5	남	남자의 명이 짧거나 가출하며 집안에 질병이 따른다.	70
	6	남서	건강을 잃으며 심지어는 목숨까지 위험하다. 사업에 실패한다.	20
	7	서	질병으로 많은 식구가 고생하며 명을 끊는다. 재산이 저절로 감소한다.	0
	8	북서	건강과 재산이 모두 불길하다.	20

6. 북동향 주택의 길흉 분석표

주택	배치도	6	북동향 주택	
		구분	동서 사택	서사택
			음양	음(노모)
			오행	토

대문	번호	대문 위치	해 석	평점
	1	북	질병으로 집안의 대가 끊길 위험이 있다. 사업에 실패하여 재산 손실이 크다.	20
	2	북동	집안이 번창하며 지위와 공명을 얻어 주변에서 높이 칭송받는다.	90
	3	동	질병과 사고가 연발하며 재산을 잃어 궁해진다.	20
	4	남동	각종 질병으로 생명이 단축된다. 우환과 소송이 겹쳐서 재산을 모두 탕진한다.	0
	5	남	집안에 불화가 있고 질병으로 고생한다.	20
	6	남서	건강과 재산이 좋아지며 생활이 안정된다. 사업이 크게 번창한다.	70
	7	서	집안이 화목하며 입신출세가 연속된다.	80
	8	북서	아들이 모두 출세하며 건강과 명예를 얻는다. 사업에 성공하여 재산이 늘어난다.	100

7. 동향 주택의 길흉 분석표

주택	배치도	7	동향 주택	
		구분	동서 사택	서사택
			음양	음(소녀)
			오행	금

대문	번호	대문 위치	해 석	평점
	1	북	질병으로 고생한다. 사업에 실패하여 재산을 잃는다.	40
	2	북동	갑자기 입신출세하며 건강과 재산이 늘어난다. 소년이 초기에 유명해진다	100
	3	동	외롭게 고생하며 불행한 일을 당한다.	20
	4	남동	집안에 우환과 질병이 연속적으로 발생한다. 생명이 위험해진다.	0
	5	남	각종 사고로 재산과 건강, 생명을 잃는다.	0
	6	남서	건강과 재산이 모두 발전한다.	80
	7	서	안정적으로 발전한다.	70
	8	북서	사업이 성공적으로 이루어진다. 명예를 얻는다.	90

8. 남동향 주택의 길흉 분석표

<table>
<tr><td rowspan="4">주택</td><td rowspan="4">8 1 2 N 7 3 6 4 5 배치도</td><td>8</td><td colspan="2">남동향 주택</td></tr>
<tr><td rowspan="3">구분</td><td>동서 사택</td><td>서사택</td></tr>
<tr><td>음양</td><td>양(노부)</td></tr>
<tr><td>오행</td><td>금</td></tr>
</table>

	번호	대문 위치	해 석	평점
대문	1	북	질병으로 고생하며 사업에 운이 없다	20
	2	북동	집안에 화목하고 재산이 늘어난다. 남성 위주가 되며 여성은 외롭다	80
	3	동	불의의 사건으로 건강과 재산을 잃는다. 질병도 계속된다.	0
	4	남동	불행한 사건이 연속된다. 재산과 명예를 잃으며 생명까지 잃는다.	20
	5	남	각종 질병과 우환으로 고생한다. 하는 일마다 손해를 본다.	20
	6	남서	집안 남녀 모두 장수하며 훌륭한 자손을 둔다. 재산이 늘어나며 사업 운이 저절로 열린다.	100
	7	서	집안에 화목하며 출세가 연속된다. 재물이 저절로 모인다.	90
	8	북서	안정적으로 일이 추진된다. 건강과 재산이 점차 늘어난다. 오래갈수록 좋다.	70

SECTION 05

생기를 받아 투자에 성공하는 배치 방법[32]

창문이나 출입구 등 주택 개구부는 자연의 기운을 내부에 공급하는 통로 역할을 한다. 자연의 기운은 생명 활동에 절대적으로 필요하며, 이러한 기운은 사람에게 생기가 된다.

생기는 하늘의 기운과 땅의 기운이 음과 양으로 결합하는 과정에서 발생하며, 공기 중에서 바람과 함께 움직인다. 생기는 사람의 신진대사를 원활하게 하고 사고력이나 활동력을 증가시키는 기운이다. 따라서 주택이 갖고 있는 생기는 사람에게 심리적, 육체적으로 많은 차이를 준다. 즉, 주택의 배치 방법에 따라 주택이 받아들이는 생기의 종류가 달라지며, 생기의 종류에 따라 주택의 길흉도 달라지는 것이다. 생기가 잘 전달되는 주택에

32 박시익(1999), p. 183~206 참조.

서는 사람들이 발전하지만, 생기가 부족한 주택에서는 불행한 일이 발생한다. 따라서 생기를 가능한 한 많이 받도록 배치해야 한다.

일반적으로 남향 배치, 배산임수 배치, 마당 형태에 의한 배치, 산의 중심에 따른 건물 배치, 도로에 의한 배치, 방위에 의한 배치, 주변 건물과의 조화에 의한 배치 등이 있다. 이러한 배치 방법을 활용해 생기를 많이 받도록 하자.

배산임수 원칙에 따라 배치한다

남향 집은 햇빛을 가장 많이 받는 집으로서 주택의 대표적인 배치 방법이다. 평탄하고 넓은 대지에서나, 대지의 경사가 북쪽은 높으면서 남쪽이 낮은 땅, 즉 대지 형태가 남과 북으로 길게 늘어진 경우에는 남향으로 배치하는 것이 가장 이상적이다. 그러나 이외의 대지 조건에서는 주택을 남향으로 배치하는 것이 오히려 흉가를 만드는 셈이므로, 집을 지을 때 각별한 주의가 필요하다. 특히 도심에서는 좁은 땅에 집을 짓는 경우가 많기 때문에 남향보다 생기를 더욱 많이 받을 수 있는 주택의 배치 방법을 적용해야 한다.

배산임수 배치 방법은 한국의 전통 건축의 가장 대표적인 방법이다. 궁궐과 사찰은 물론 소규모 주택에 이르기까지 대부분의 건물은 배산임수 배치 방법을 적용했으며, 이것은 오늘날까지도 가장 이상적인 방법으로 이용되고 있다.

말 그대로 산을 등지고 물이 있는 쪽을 바라보아야 하므로, 지면에서 약간이라도 높은 부분에 건물을 짓고 지대가 낮은 쪽에 마당을 설치함으로써 내려다보도록 한다. 그리고 지면의 고저가 확실하게 구분되지 않거나 강이나 바다 등이 직접 보이지 않는 지세에서는 빗물이 흘러 내려가는 방향을 낮은 쪽으로 하여 마당을 설치함으로써 건물에서 빗물이 내려가는 쪽을 바라보도록 배치한다.

생기는 강물과 육지가 음과 양으로 조화를 이루는 낮은 지역에서 발생해 바람을 타고 지상으로 옮겨진다. 생기 있는 바람을 받아들이기 위해서는 집이 생기가 불어오는 쪽을 향하고 있어야 한다. 물이 내려가는 낮은 쪽을 향해 집이 들어선 경우가 바로 생기를 많이 불러들이는 형태다.

남쪽 지면이 높고 북쪽 지면이 낮은 대지에서는 지면이 높은 남쪽이 건물 후면이 되고 지면이 낮은 북쪽이 건물의 전면이 되는, 북향 배치가 배산임수에 따른 배치 방법이다. 북향으로 배치해야만 북쪽에서 불어오는 생기를 받아들일 수 있기 때문이다. 이런 지세에서 남향으로 짓는다면 남쪽의 햇빛을 많이 받아들이는 장점은 있지만, 지대가 낮은 건물 후면을 석축이나 콘크리트로 받치고 집을 짓기 때문에 집이 뒤로 넘어지는 형태가 된다. 이런 건물에서 앞을 보면 정면에 높은 산이 가로막고 있어 중압감을 느끼고, 산이 하늘을 가로막아 넓은 하늘을 바라볼 수 없다. 물론 하늘로부터 마당을 통해 들어오는 생기의 양도 부족해 주택 내부에는 불행한 기운으로 가득 찬다.

또 북쪽에서 불어오는 생기를 막고 반대쪽을 바라보고 있는 형상이기 때문에 오히려 생기를 빼앗길 뿐만 아니라, 산으로 올라가는 바람이 주택 내부에서 회오리바람을 발생시켜 주택의 기운을 빼앗아 간다. 이런 집에서 살면 건강을 잃고, 경쟁력을 상실해 직업을 잃거나 손해를 보는 등 여러 가지 불행한 일을 겪을 수 있다.

자식이 부모를 살해하고 범행을 은폐하기 위해 불을 질렀던 끔찍한 사건이 일어난 서초동 집도 겉으로만 보면 매우 훌륭한 고급 주택이다. 그러나 집을 자세히 살펴보면 흉가라는 것을 금세 알 수 있다.

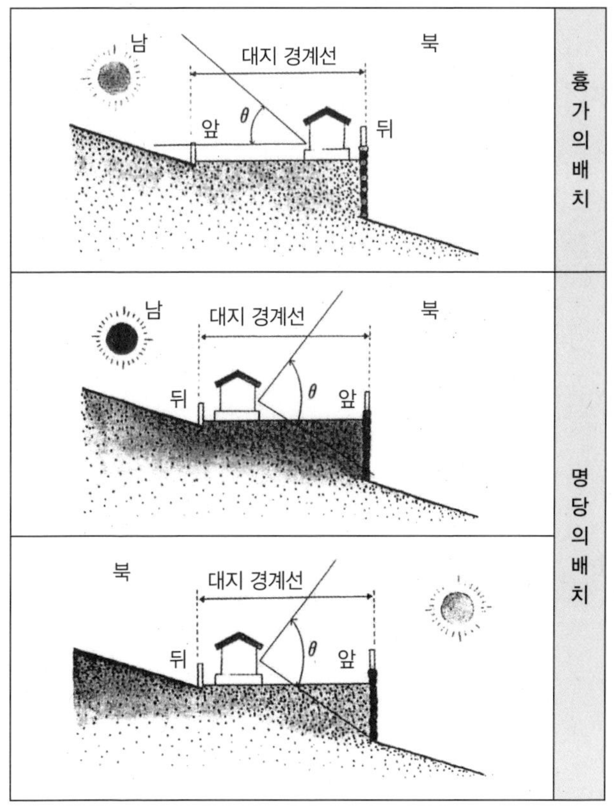

• 배산임수에 따른 흉가와 명당의 배치 방법[33] •

우선 집터가 산의 후면에 위치해 있다. 또 대지 상태는 남쪽이 높고 북쪽이 낮으며 멀리 한강이 흐른다. 그런데도 남향 배

---

33 박시익(1999), p. 185.

치만 고려해서 배산임수를 무시했다. 따라서 주택 후면은 지대가 낮아 콘크리트로 옹벽을 세우고 그 위에 건물을 지음으로써 건물이 뒤로 넘어지는 형태다. 도로에 두 면이 접하고 있어 좋다고 생각할 수 있지만, 풍수에서는 두 면 이상의 도로에 접한 대지는 바람을 많이 모으기 때문에 좋은 집터로 여기지 않는다. 또 대문 위치가 남동쪽 모서리에 있는데, 역시 안정된 자리가 아니다.

도로와 멀리 떨어져 집을 짓는다

도로의 위치나 크기 등은 건물 배치에 중요한 요인으로 적용된다. 도로는 사람과 차뿐만 아니라 바람도 통과한다. 자동차 왕래가 많은 도로에서는 자동차 속도와 함께 바람의 속도가 빨라지고, 그 바람이 도로를 통해 집에 전달되면 집 내부의 기운이 변한다. 넓은 들판에서는 바람의 방향이나 속도가 전체적으로 균일하지만, 도심지에서는 도로가 바람의 통로가 되며 특히 밀집된 건물 사이에 있는 도로에서는 강한 바람이 분다. 따라서 집이 도로에 인접해 있는 정도에 따라 그 집의 기운이 달라진다. 도로에 접한 대지에 집이나 건물을 세울 경우, 도로와의 거리에 따라 전면 배치, 중간 배치, 후면 배치의 방법이 있다.

전면 배치 방법은 도로 전면에 가능한 한 가깝게 배치하는 방법으로, 주로 상점 등의 용도로 많이 이용된다. 도로면 가까이에 있어 간판이나 쇼윈도로 고객을 끌어들일 수 있기 때문이다. 그러나 이러한 배치는 도로에 흐르는 기운이 점포 안의 기운을 빼앗아 가기 때문에 내부에 생기가 모이지 못한다. 집도 마찬가지라서 집 안에 생기가 모이지 않으면 집안이 번성하지 못한다.

중간 배치는 마당의 중간에 건물을 배치하는 방법인데, 건물 전면과 후면으로 마당이 분산된다. 도로 쪽 마당은 주차장이나 간단한 작업장, 화단을 설치하여 바깥마당 역할을 하며, 후면은 가족끼리 즐길 수 있는 조용한 공간으로 구분할 수 있다. 중간 배치는 기운이 마당을 통해 집으로 들어와 생기를 이룬다.

후면 배치는 도로에서 멀리 떨어진 후면에 집을 배치하고, 도로와 건물 사이에 마당을 크게 만드는 방법이다. 도로와 건물 사이에 마당이 있으므로 건물로 들어가기 위해서는 반드시 마당을 거쳐야 한다. 이런 배치는 대문만 열면 주택 내부가 바로 보이기 때문에 마당을 독립적으로 사용하기 어렵다는 단점도 있다. 그러나 도로에서 멀리 떨어져 있어서 집 안의 기운을 빼앗기지 않는다는 장점이 있어 가장 이상적인 배치 방법이다.

잔잔한 바람은 상쾌하고 유익하지만 강한 바람은 건강을 빼앗아 간다. 막다른 골목에 있는 집은 화살과 같은 강한 바람이 부는 집이다. 막다른 골목, 특히 골목 길이가 긴 집에서 살면 질병이나 불행한 사고를 당한다.

도로는 주택 전면 한쪽에 있는 것이 바람직하다. 주택 전면과 후면에 도로가 있는 경우에는 주택 주변의 바람이 앞뒤로 쉬지 않고 흘러서 공기 흐름에 안정감이 없다. 그러나 전후면 도로에 접했다고 해도 거리가 충분히 떨어져 있어서 바람이 서로 혼합되지 않으면 괜찮다.

두 도로가 교차하는 각지(角地)는 두 면에 걸쳐서 도로에 접해 있으므로 통행하는 사람도 많고 사람들의 눈에도 잘 띄어 사업이 잘되는 땅으로 알려져 있다. 그러나 사람이 걸어서 통과하기보다는 자동차가 달리는 길로 변화되면서 개념이 바뀌고 있다. 자동차 통행은 급한 바람을 일으킨다. 빠른 바람은 주택이나 건물 내부의 기운을 빼앗아 간다. 건물이나 집의 기운이 빠지면 그곳에 거주하는 사람이 건강을 잃고 사업도 실패한다. 따라서 도로의 각지에 있는 집은 벽면을 두껍고 넓게 하고 창문은 작게 하여 실내의 기운이 외부로 빠져나가지 않도록 해야 한다.

또 집이 3면 이상 도로에 접하면 흉가에 속한다. 이런 지역은 건물 주변에서 회오리바람이 발생하는데, 회오리바람은 사람의 정신을 빼앗아 간다. 그래서 이런 집에 살면 외부의 힘에 휩쓸려 불행한 일을 당한다. 하지만 3면에서 좋은 바람을 맞아 남다른 성과를 올릴 수도 있다.

서울 청량리의 옛 대왕코너 자리는 5면이 도로에 접해 있다. 특히 도로 형태가 한자의 불 화 자를 이루고 있어서, 불과 같이 크게 번성하기도 하지만 화재가 빈번하게 발생하기도 한다. 실제로 1970년대 이후 여러 차례 화재가 일어났다.

하늘을 바라보도록 집을 배치한다

집은 규모가 같은 것끼리 어울려 있는 것이 좋다. 서로 비슷한 것끼리 어울리는 게 아름다운 것은 집뿐만은 아니지만, 특히 집은 햇빛과 바람의 영향을 많이 받는 만큼 더욱 중요하다.

집 옆에 큰 건물이 있으면 큰 건물에서 발생하는 바람에 의해 집의 기운을 빼앗긴다. 또 길이가 긴 건물은 스스로 바람길을 만들어 강한 바람을 불게 한다. 이런 위치에 집을 지으면 마치 거대한 바람의 통로 속에 갇혀 있는 것과 같은 형상이 된다.

또 큰 건물 뒤에 있는 작은 집에서는 넓은 하늘을 바라볼 수 없다. 하늘 대신 높은 건물이 주택의 전면을 가로막고 있기 때문이다. 하늘은 생기를 보내주는 가장 중요한 공간이다. 이런 집에서는 불행한 일이 연속적으로 발생한다. 집을 지을 때는 넓은 하늘을 바라볼 수 있도록 배치하는 것이 가장 바람직하다.

큰 건물 옆이나 틈에는 집을 짓지 않는다

큰 건물과 건물 사이에 있는 작은 주택이나 큰 건물 모서리에 있는 주택 역시 흉하다. 큰 건물 모서리가 주택을 향하고 있는 경우에는 뾰족한 칼에 찔리거나, 병원에서 수술을 받아야 하는 등 좋지 않은 일이 발생한다.

실제 이런 건물에서 불행한 일을 당한 경우가 있다. 충북 청주 근교에 있는 한 공장은 넓은 땅에 여러 채의 공장과 창고를 갖춘, 인근에서는 가장 큰 규모의 도정 공장이었다. 필자가 이 공장에 처음 간 것은 20여 년 전인데, 공장 배치를 보고는 불안한 생각이 들었다. 당시 이 회사 주인은 사택에서 가족과 함께 살고 있었는데, 사택이 ㄱ자 모양을 한 커다란 창고와 공장의 중간 지점에 있었다. 사택 전면은 사무실로 이용했고, 후면은 가족이 사는 집이었다.

이런 구조는 공장 마당에서 여러 건물을 한눈에 쉽게 내려다볼 수 있어 능률적이긴 하지만, 양쪽으로 높은 건물 사이에 있는 사택의 위치가 복싱장의 사각 코너 한쪽에 자리 잡은 것과 유사한 형태다. 거대한 두 개의 건물 사이에는 항상 강한 바람이 통하고, 사택은 그 바람이 통과하는 자리에 있었다.

필자는 사장에게 사택 위치가 좋지 않으니 다른 곳으로 이사할 것을 권했으나, 사장은 그대로 살았다. 그런데 3년 후, 부인이 갑자기 병을 얻어 사망하고 말았다. 그러자 사장은 필자를 찾아와 주택의 위치와 배치를 묻고 이사했다. 대신에 사장이 살던 사택에 경리 담당 직원이 살았는데, 어느 날 기계 속에 다리가 빨려 들어가는 불행한 사건이 발생했다. 한 집에서 불행한 사건이 연달아 일어나는 것을 본 사장은 그제야 놀라며 풍수를 믿게 되었다.

마당은 건물보다 약간 아래로 배치한다

주택 공간은 내부와 외부로 나누어지는데, 외부 공간인 마당은 조경이나 작업의 공간으로 이용된다. 그러나 마당은 사람에게 절대적으로 필요한 생기를 공급한다. 마당의 기운이 주택 내부에 그대로 전달되기 때문이다.

건물에서 발생하는 기운은 양으로, 이상을 추구하는 정신적 기운이다. 그러나 마당에서 하늘과 땅, 물 등 자연에 의해 발생하는 기운은 음으로, 사람의 건강, 재물, 여성의 기운 등이다. 주택과 마당이 마주 보는 위치에 있으면 마당의 기운이 주택 내부에 흡수되어 생기를 이룬다. 따라서 건물은 마당보다 약간 높은 배산임수 배치가 이상적이다. 마당이 주택의 측면이나 후면에 있으면 마당의 기운이 주택의 기운과 결합할 수 없기 때문에 집 내부에 생기가 부족해진다.

마당은 정방형이 이상적이다. 특히 정사각형의 마당에서는 공기 회전이 자유로워 생기가 많이 발생하는데, 마당에 기운이 모이면 재산도 많이 일어난다(다음 그림 중 1번). 그러나 마당이 삼각형이면 뾰족한 기운이 발생해 교통사고 등 불의의 사고를 당하거나, 이웃 간에 분쟁이 일어나며, 재산이 모이지 않고 가

난을 면치 못한다(다음 그림 중 9번). 따라서 뾰족한 마당은 조경 공사를 할 때 부드럽게 바꾼다.

마당이 장방형인 경우도 마당의 기운이 제대로 순환되지 않아 질병을 초래할 수 있다(다음 그림 중 3번). 마당과 건물이 모두 장방형인 경우에는 재물이 분산되고 단명하는 일이 발생한다(다음 그림 중 2번).

건물 형태가 남성이라면, 마당은 여성에 해당한다. 따라서 마당에서 발생하는 기운은 여성에게 많이 작용한다. 건물에 기운이 뭉쳐 있으면 그 집에 거주하는 남자가 강력한 기운을 갖고, 마당에 기운이 뭉쳐 있으면 여성의 기운이 왕성해진다. 건물과 마당이 모두 강력한 기운이 있으면 남자와 여자 모두 왕성한 생명력을 갖는다. 건물과 마당이 음과 양으로 마주 보고 있으면 여성과 남성이 원만한 관계를 유지하는데, 이것이 가장 이상적인 형태다(다음 그림 중 1번).

앞마당과 뒷마당이 각각 있으면 남자에게 두 여자가 생기는 경향이 있다. 뒷마당이 주택에 가려 눈에 잘 띄지 않듯 본처 이외의 다른 여자는 남들 눈에 띄지 않는다(다음 그림 중 5번). 그러나 뒷마당이 주택 전면에서 보인다면 여자 관계도 공개적이다(다음 그림 중 4번).

이처럼 주택의 마당 수는 그 집 남자의 여성 수와도 일정한 관계가 성립되는 경향이 있다.

그러나 뒷마당 규모가 매우 작으면 여성으로 해석하지 않는다. 이는 아파트도 동일하다.

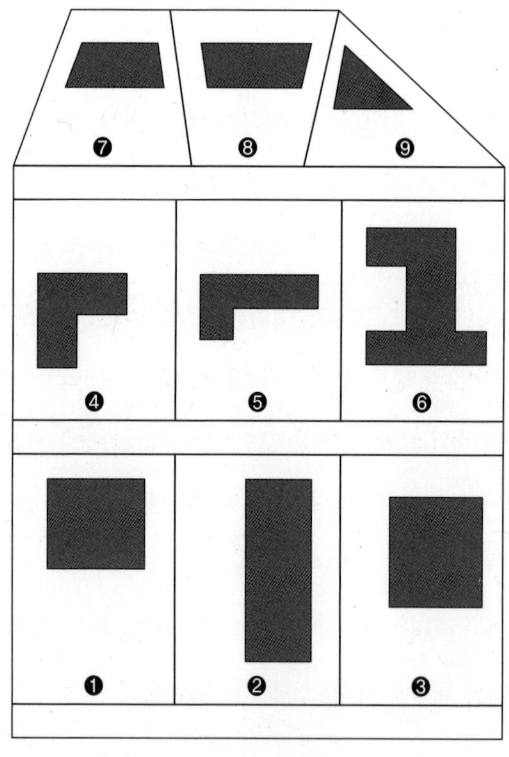

• 마당의 종류[34] •

34 박시익(1999), p. 199.

마당 면적은 주택 면적에 비례하는 넓이가 좋다. 주택 전면에 위치한 마당은 주택 연면적의 3배가 가장 이상적이다. 5배를 초과하면 생기가 분산되어 주택 내부에 전달되는 생기가 감소한다. 이 경우에는 건물 3배 정도의 넓이를 안마당으로 하고, 내부 울타리를 설치하여 생기가 흩어지지 않도록 하는 것이 좋다.

지금은 복지회관 건물이 들어서서 옛 모습을 찾아볼 수 없지만, 박정희 대통령을 시해한 김재규가 살던 집(서울 중구 신당동)은 300여 평 넓이의 대지가 전체적으로 삼각형을 이루고 있었다. 집이 삼각형 대지의 가운데에 자리 잡고 있어서 앞뒤, 옆으로 분산된 마당의 형태가 모두 뾰족한 삼각형을 이루고 있었다. 삼각형 마당에서는 칼이나 총 같은 예리한 물체에 의한 불행한 사고가 일어난다는 사실을 단적으로 보여준다.

대문은 안으로 열어야 복이 들어온다

대문은 많은 사람이 출입하는 공간인 만큼 안전한 장소에 설치되어야 한다. 지리적으로 평탄해야 하며, 특히 심하게 경사진

지역은 피하는 것이 좋다. 대문 한쪽이 절벽과 같이 불안한 장소는 대문 위치로 좋지 않다. 또 건물이나 담장 모서리 부분은 급한 바람이 불어 안정감이 없으므로 좋지 않다. 대문은 좌우가 밝고 안정된 곳에 있어야 하는데, 대문이 건물 한쪽 또는 처마 밑을 통과하는 지역에 위치해 있으면 대문을 통과하는 사람에게 매우 불행한 일이 일어난다.

대문은 건물이나 담장 중심부에 설치하여 좌우 균형을 유지하는 것이 이상적이다. 도심지에서는 주변을 통과하는 차량에서 벗어나 안전한 장소에 설치한다. 넓은 대지에서는 용의 맥이 통과하는 장소에 대문을 설치하는 것이 가장 이상적이다. 크기는 건물에 비해 너무 크거나 작으면 좋지 않다. 대문 자체도 높고 좌우 균형을 이룸으로써 안정된 형태인 것이 좋다. 또 외부 바람을 막도록 바람이 통하지 않는 형태라야 하는데, 파이프나 투시형으로 만든 대문은 기운이 외부로 빠져나가 좋지 않다.

대문을 여닫는 방법은 내부로 밀면서 열거나, 밖으로 끌어내어 열 수 있다. 이는 마치 부채가 움직이는 형태와 같은데, 부채는 손잡이 끝에서 반대쪽으로 바람을 보낸다. 그러므로 대문 경첩은 부채 손잡이, 대문이 열리는 쪽은 부채의 끝부분에 해당한다. 부채 끝부분으로 바람이 나가듯, 대문이 열리는 쪽으로 바람이 흐른다. 대문이 안쪽으로 열리면 건물 안쪽으로 바람이 따라 들어오고, 밖으로 열리면 내부의 바람이 바깥으로 빠져나간다.

바람은 곧 기운이며 건강과 재물을 만드는 기본이다. 대문이 안으로 열리는 집에서는 기운이 모여 건강과 재물을 얻는 반면, 대문이 밖으로 열리는 집은 집 안의 바람이 빠져나가듯 건강과 재물이 빠져나간다.

대문은 하나인 것이 이상적이다. 어떤 집에서는 여러 개의 대문을 두기도 하는데, 풍수지리적으로 좋지 않다. 대문은 한 개만 설치해서 바람의 방향을 일정하게 하는 것이 안정적이다. 대문이 여러 개 있으면 바람의 출입이 혼란스러워 흉가가 된다.

담장은 건물 위치와 일정 간격을 유지한다

지세에서 사신사가 바람막이, 반사경, 볼록렌즈의 역할을 하듯 주택의 담장도 이와 비슷한 역할을 한다. 그중에서도 특히 담장은 바람막이의 역할이 크다. 또 주택 안쪽이 바깥쪽보다 따뜻한 것은 담장이 반사경과 볼록렌즈의 역할을 하기 때문이다.

담장 일부가 파손되면 그 집에 살고 있는 사람이 건강을 잃거나, 집 안에 도둑이 들어 재물을 잃는다. 담장은 건물과 일정한 간격을 유지하는 것이 좋은데, 담장이 지나치게 멀리 떨어져 있으면 바람막이 역할을 할 수 없다. 한편, 담장이 너무 높으면 새로운 바람이 들어오지 못하기 때문에 좋지 않다.

산의 중심과 일치시킨다

주택은 물론 일반적인 건물도 산의 좋은 기운을 받고 산 형태와 조화를 이루도록 배치하는 것이 이상적이다. 산이 있는 지역의 주택 배치는 산 정상에서 내려오는 능선의 중심과 주택 중심축을 일치시키고 배산임수의 원칙을 따른다. 이렇게 배치하면 지기를 많이 받을 뿐 아니라, 산 형태와 건물 형태가 아름답게 조화를 이뤄 좋은 분위기를 만든다.

여러 개의 건물이 들어서면 그중 가장 크고 중심적인 건물을 산 중심과 일치시키고, 그 좌우에 부속 건물을 배치한다. 부속 건물은 중심 건물과 마당을 중심에 두고 4면에서 마당을 향하도록 배치하여 우물 정 자의 형태가 되도록 한다. 이러한 배치에서는 중심 건물을 기준으로 부속 건물이 청룡과 백호, 주작의 역할을 하는데, 전통 궁궐과 사찰, 서원, 향교 등이 이러하다.

바람 소리와 고압선, 지전류를 피한다

명당에서는 산이 바람을 막아 잔잔한 바람이 불며, 바람 소리도 매우 평화로워 마음을 즐겁게 한다. 그러나 산 후면에 위치한 지세에서는 바람이 강할 뿐만 아니라 바람 소리가 흉하고 무서워 불안하게 한다. 특히 밤에 몰아치는 비바람 소리와 고양이와 같은 동물의 울음소리가 흉하게 들리면 정신질환자가 발생하기도 한다. 시골의 흉가는 대부분 나지막한 야산의 후면에 위치해 바람이 강하게 불며 흉한 소리가 난다.

특히 산골짜기의 바람은 흉하다. 주택의 위치가 높거나 주위에 계곡과 암석이 있으면 풍경이 좋다고 여기지만, 이는 주위가 안정되지 않아 장차 흉하다. 낮에는 고기압의 곡풍이 올라가지만, 밤에는 산비탈이 빠르게 냉각되면서 산비탈을 타고 저기압의 음기가 내려오면서 살풍이 되어 가옥을 치므로, 병사하거나 건강과 재산을 모두 잃는다.

• 산과 산 사이의 바람[35] •

강한 전류가 흐르고 있는 지역도 주거 공간으로 적합하지 않다. 특히 고압선 바로 아래에 있는 주택은 좋지 않은 영향을 준다는 연구 발표가 이미 나와 있으므로, 가급적 피하는 것이 좋다.

35 심재열(2021), p. 78.

하늘의 공기 중에 통하고 있는 전기는 천둥이나 번개를 일으키고, 벼락은 땅이 갖고 있는 전기에 흡수되어 분산된다. 이처럼 지표면과 지하에 흐르는 것을 지전류(地電流)라고 하는데, 강하게 흐르는 곳도 있고 약하게 흐르는 곳도 있다. 지전류가 강하게 흐르는 곳에 침실이 있으면 여러 종류의 질병에 걸린다. 최근 독일의 한 작은 도시에서 병으로 일찍 죽은 사람의 침실을 조사해본 결과 모두 강한 지전류가 흐르는 지역인 것으로 밝혀졌다. 대를 이어 그 침실을 사용하면 자손 역시 그와 유사한 병으로 일찍 죽는다는 사실도 밝혀졌다. 그리고 강한 지전류가 병원 지하를 통과하면 환자들의 병세가 악화된다고 한다. 한편 집에서 기르는 고양이는 강한 지전류를 좋아해 지전류가 흐르는 곳으로 모여든다고 한다.

하지만 침실 하부에 흐르는 지전류를 피하기 위해 건물을 새로 지을 수는 없다. 이런 피해를 방지하는 기구가 독일에서 개발됐는데, 지전류를 다른 쪽으로 흐르게 할 수 있다고 한다.

SECTION 06

풍수지리학적 복터와 흉터

사람마다 제각각 관상이 다르듯이 거주하는 집도 가상이 각각 다르다. 집의 위치에 따라 좋게도, 나쁘게도 바뀔 수 있다. 그 안에 사는 사람은 가상에 따라 복을 받을 수도, 화를 받을 수도 있어서 집을 선택할 때는 풍수지리에 입각해 신중하게 선택해야 한다.

복터는 크게 다음의 5가지다.

첫째, 뒤에 산이 있고 앞에는 물이 있거나, 뒤에 집보다 높은 건물이 있고 물을 대신하는 도로가 있는 곳이다.

둘째, 들어가는 입구는 좁고 안쪽은 넓은 복주머니 형태다.

셋째, 앞은 동적인 곳이고 뒤는 정적인 곳이다. 즉, 앞에는 사람들이 북적이는 상가가 있지만 거주하는 집은 조용한 곳이 좋다.

넷째, 서쪽은 높고 동쪽은 낮아야 한다. 이런 곳은 풍경이 아름다운 데다 풍수지리적으로도 좋은 곳이다.

다섯째, 동쪽으로 입구가 있고 서쪽으로 출구가 있어야 한다.

흉터는 크게 다음의 4가지다.

첫째, 사방에 도로가 있다면 흉하다. 또한 북쪽이나 북동쪽, 북서쪽에 도로가 있는 집은 피해야 한다.

둘째, 앞에 높은 건물이나 언덕이 있으면 흉하다.

셋째, 주변 구조물과 조화를 이루지 못하고 홀로 선 집은 흉하다.

넷째, 도로가 안쪽으로 흐르지 않고 바깥 쪽에 위치한 땅은 재물 복이 흐르지 못하는 곳이다.

대표적으로 유명한 복터가 왜 풍수적으로 좋은지 알아보자.

논산 사계(沙溪) 김장생 묘역

조선 후기의 대학자로 아들 김집과 함께 부자가 동시에 문묘에 배향될 정도로 조선 최고의 가문이었다. 김장생은 9명의 아들을 두었는데, 그중에서도 셋째 아들 김반의 후손들이 크게 성공해 명문가로 이름을 날렸다. 그 무렵 광산 김씨라면 얼굴도 보지 않고 사위로 삼는다고 할 만큼 명망 높은 가문이었다. 묘역에서는 계룡산의 군봉이 보이며, 비보풍수 가산(假山)의 흔적을 볼 수 있다. 또 8대조 할머니 양천 허씨 묘 위에 자리하여 역장(逆葬)을 살펴볼 수 있다.

인촌 김성수 생가

인촌 김성수는 대한민국 초대 부통령을 역임한 정치가로 재물과 덕망, 능력을 모두 겸비한 사람이었다. 그의 집안은 대대로 재물과 관직을 누린 것으로 유명하다. 김성수가 태어나고 성장한 전라북도 고창군 부안면 봉암리와 부안군 줄포면 줄포리의 고택은 아직도 원형 그대로 보전되고 있는데, 두 곳 모두 명당으로 알려져 있다.

오행으로 분석하면, 남쪽은 오행상 불에 해당하고 대문은 북쪽이어서 물이라 상극을 이루지만, 주택과 대문이 모두 동사택 방위로 일치하고 음양이 조화를 이루므로 전체적으로 좋다.

이재형 전 국회의장 생가

그가 태어나고 성장한 경기도 군포시 산본동의 생가 일대는 얼마 전 신도시가 들어서기 전까지만 해도 산과 나지막한 언덕, 실개천 등으로 둘러싸인 전형적인 시골이었다. 그의 집안이 이 지방에 살기 시작한 것은 약 330여 년 전으로, 그가 태어나고 자란 집은 아버지 이규응이 직접 지었다고 한다. 그의 아버지는 5남 4녀를 훌륭하게 키웠는데, 이재형 전 국회의장, 이재준 전 대림산업 회장, 이재우 대림통산 회장, 이재연 금성사 사장이 있고, 3남인 이철용은 선대로부터 물려받은 땅에 농사를 지으며 살았다.

이 집은 군포시를 비롯해 안양시, 안산시 등의 주산인 수리산의 맥이 동남쪽으로 연결되어 태을봉을 이루고 다시 그 맥이 집으로 연결된다. 수리산의 태을봉은 모두 강한 형태의 목산이며, 중심이 잘 잡힌 문필봉을 이루고 있다. 이 집의 안산인 노적봉은 집을 정면으로 바라보고 있다. 이처럼 노적봉이 안산으로 있는 지역에서는 큰 재벌이 배출되는데, 이 집안에서 기업 대표가 여럿 나올 수 있었던 것이 노적봉 덕분이 아닐까 싶다.

호암 이병철 생가

호암 이병철이 태어나고 성장한 경상남도 의령군 정곡면 중교리 마을은 노적봉을 주산으로 하여, 남쪽으로 뻗어 내려온 강한 능선의 마지막 평탄한 부분에 자리 잡고 있다. 담안이라는 지명에서도 알 수 있듯, 주변 산이 마치 담을 둘러친 것과 같은 형태다. 이병철의 생가는 노적봉에서 내려온 내청룡 끝부분에 자리 잡고 있는데, 주산에서 장룡을 이루고 내려온 청룡은 이 집의 주룡이 되는 한편 집의 좌측 울타리와 같은 형태를 이룬다. 용의 길이는 발복 기간을 나타내므로 장룡에서는 발복 기간도 길다. 호암 집안이 대를 이어 재벌이 된 것은 이러한 장룡의 기운 때문인 것으로 해석된다.

또 청룡이 수구를 막고 있는 지세로서 생기를 이룰 뿐만 아니라, 10리 밖에서 흐르는 남강은 생가가 있는 쪽으로 역수를 이뤄 생기가 더욱 강하게 발생한다. 남서향의 평탄한 대지 위에 자리 잡은 전형적인 한옥으로 일자형이고, 남서향으로 배치되어 있다. 대부분의 이런 대지에서는 정남향으로 배치하기 쉬운데, 호암 생가는 주룡의 맥과 건물 방위를 일치시키는 배산임수 원칙을 정확히 따랐다.

강릉 선교장

강원도 강릉시 경포대 옆에 있는 선교장은 전통적인 민가 건축물인데, 대표적인 명당이기도 하다. "10년 가는 권력 없고 3대 가는 부자 없다"고들 하는데, 선교장은 이 말이 무색한 곳이다. 무려 9대에 걸쳐 만석꾼 집안이 전해 내려오는가 하면, 강릉 시장, 대학교수와 출판사 대표 등 훌륭한 인물이 많이 배출되고 있다.

대표적인 흉가, 경교장과 이기붕의 집

• 경교장과 이기붕의 집터[36] •

김구 선생이 살다가 암살당한 경교장은 광화문에서 서대문으로 통하는 야트막한 언덕의 큰길 중간에 위치한다. 인왕산 줄기 위에 자리 잡고 있는데, 인왕산은 서울의 백호로 서울을 서쪽에서 감싼다. 그러나 경교장은 용의 중심선 밖에 위치해서 백호의 후면에 자리 잡은 셈이다. 능선 안쪽은 산의 전면으로 생기가 모이고 백호의 좋은 기운을 받는다. 그러나 백호 후면은 생기를 전혀 받을 수 없다. 경교장에서 역사적으로 불행한 사건이 일어난 것은 용 밖에 위치하고 있기 때문이다.

부통령을 지낸 이기붕이 살던 집은 김구 선생이 살해당한 경교장 바로 우측에 있다. 자유당 정권 말기에 부정 선거 책임자로 여론의 뭇매를 받다가 결국 아들인 이강석의 손에 죽었다. 그 집은 철거되고 이후 도서관으로 이용되었다. 이 집은 경교장 서쪽 담 바로 옆이라 인왕산 능선에서 완전히 벗어나 백호 후면에 자리 잡고 있다.

36 2022년 10월 3일 필자 촬영.

실제 사례 부동산 투자도 운과 기운에 따른다

필자가 근무하던 은행 지점에서 한 고액 자산가와 만났다. 그는 현금 60억 원을 예치했으며, 이자는 모두 복리로 재예치된다. 현재 자신이 거주하는 상가주택에서 나오는 월세만 1,200만 원으로, 저평가된 땅을 사서 가치 투자를 해 부자가 되었다. 원래는 평당 2만 원짜리 밭이었는데, 그가 사서 건물을 지었다고 한다. 시간이 흘러 근처에 시장이 들어서면서 주변은 급속도로 발전했다. 처음 시세는 3억 원이었던 건물이 지금은 15억 원이다.

나는 그에게 어떻게 큰돈을 벌게 되었는지 물었다. 그러자 우연히 10만 원 주고 산 땅이 50만 원으로 올라 돈을 벌었는데, 그때 뭔가 새로운 세상이 있다는 기운을 느꼈다고 했다. 그 후로 부동산을 사고팔아 5년 동안 10억 원 넘게 벌었다. 그 돈으로 빌라를 건축해서 한 채당 3,000만 원씩 남기고 되팔아서 다시 돈을 벌었다.

그러다가 IMF가 터지기 몇 달 전에 부동산 투자는 그만하고 싶다는 생각이 들어 건물을 모두 분양하고 그 돈으로 태안과 계산동, 병방동, 강화에 땅을 샀다고 했다. 그때 그만두지 않았더라면 큰 빚을 질 뻔했던 것이다. 필자도 많은 건축업자를 알고 있지만, IMF가 터지자 모두 부도를 맞거나 한순간에 빚더미에 앉았다. 그래서 그의 우연과 운에 놀랐다.

사실 필자도 IMF 전에 인천 연수구에 있는 32평형 아파트를 대출 7,000만 원을 끼고 9,500만 원에 구입했다. 그리고 석 달 뒤 IMF가 터졌고, 이자가 연 17%까지 올랐다. 한 달 급여가 150만 원인데, 이자가 100만 원이 넘었다. 1년을 버티다 도저히 감당하지 못하고 손해를 보고 아파트를 팔았다. 1년 동안 낸 이자까지 합치면 2,200만 원을 날렸다. 현재 그 아파트 가격은 3억 원이 넘는다. 18년 만에 2억 원이 넘게 오른 것이다. 1970년대 수준으로 예금 금리가 올랐고, 있는 사람은 더 벌고 없는 사람은 더 죽게 만든 것이 IMF였다. 부동산에 눈을 뜬 사람들은 이때 부동산 경매에 참여해 돈을 긁어모았다.

그가 IMF가 터지기 전에 매입했던 계산동, 병방동에 있는 논밭은 평당 3,500원, 강화에 있는 목장 용지 3,000평은 평당 2,000원이었다. 그는 현재도 이 땅을 보유하고 있는데, 이곳의 가격은 평당 250~300만 원을 웃돈다. 계산동에 신도시가 들어서면서 더 이상 건물을 지을 곳이 없기 때문이다. 이것이 바로 효자 노릇 하는 땅이다. 부동산 투자도 운과 기운이 따라야 이익을 볼 수 있다. 그러니 운과 기운을 살리는 풍수는 부동산 투자에 필수적이라 할 것이다.

운을 부르는 풍수지리로
부자가 되는 부동산 투자

초판 인쇄일 2025년 3월 17일
초판 발행일 2025년 4월 7일

지은이 박상익, 이상준
펴낸이 김순일
펴낸곳 미래문화사
신고번호 제2014-000151호
신고일자 1976년 10월 19일
주소 경기도 고양시 덕양구 삼송로 222, 현대헤리엇 업무시설동(101동) 301호
전화 02-715-4507 / 713-6647
팩스 02-713-4805
이메일 mirae715@hanmail.net
홈페이지 www.miraepub.co.kr
블로그 blog.naver.com/miraepub

ISBN 978-89-7299-582-1 (04100)